THE
LOOSE-LEAF
STUDY GUIDE

ADVANCED
JAPANESE HISTORY

FOR HS STUDENTS

★ ★ ★

ルーズリーフ参考書
高校 日本史探究

日本史探究の要点を
まとめて整理するルーズリーフ

Gakken

本書の使い方 HOW TO USE THIS BOOK

ルーズリーフ参考書は, すべてのページを自由に入れ替えて使うことができます。
勉強したい範囲だけを取り出したり, 自分の教科書や授業の順番に入れ替えたり……。
自分の使っているルーズリーフと組み合わせるのもおすすめです。
あなたがいちばん使いやすいカタチにカスタマイズしましょう。

各単元の重要なところが,
一枚にぎゅっとまとまっています。

STEP 1 空欄に用語を書き込む

まずは年表を完成させて日本史の流れを
ざっくりとつかみましょう。
次に, それぞれの出来事の背景や経過など,
重要ポイントを穴埋めして確認しましょう。

➡あっという間に要点まとめが完成!
  *解答は巻末にあります。

STEP 2 何度も読み返して覚える

苦手な部分をノートやバインダーに
はさんでおけば, すぐに要点を確認できます。

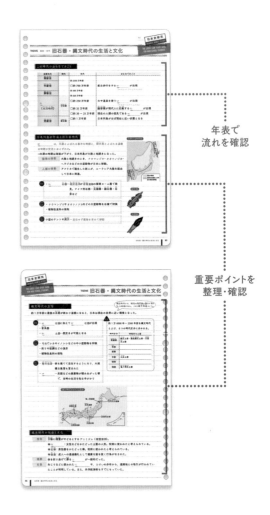

年表で
流れを確認

重要ポイントを
整理・確認

赤やオレンジのペンで書き込めば,
赤フィルターをつかって
繰りかえし復習できます。

ルーズリーフのはがし方 HOW TO DETACH A SHEET

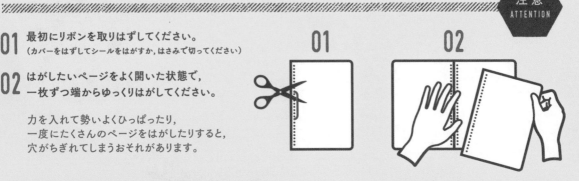

注意
ATTENTION

01 最初にリボンを取りはずしてください。
（カバーをはずしてシールをはがすか, はさみで切ってください）

02 はがしたいページをよく開いた状態で,
一枚ずつ端からゆっくりはがしてください。

力を入れて勢いよくひっぱったり,
一度にたくさんのページをはがしたりすると,
穴がちぎれてしまうおそれがあります。

01

02

THE LOOSE-LEAF STUDY GUIDE
ADVANCED JAPANESE HISTORY
FOR HS STUDENTS
★★★

ルーズリーフ参考書
高校 日本史探究
CONTENTS

THE
LOOSE-LEAF
STUDY GUIDE

ADVANCED
JAPANESE HISTORY

FOR HS STUDENTS
✹✹✹

ルーズリーフ参考書
高校 日本史探究
CONTENTS

協力　コクヨ株式会社

写真協力　アフロ(p.68),奈良市教育委員会(p.75),学研写真資料課(p.132),
国立印刷局 お札と切手の博物館(p.133,161),
三菱UFJ銀行貨幣資料館(p.151),エアフォートサービス/アフロ(p.184)

編集協力　(株)オルタナプロ,佐藤四郎,秋下幸恵

カバー・本文デザイン　LYCANTHROPE Design Lab.[武本勝利, 峠之内綾]

イラスト　大津萌乃

DTP・図版　(株)四国写研

A LOOSE-LEAF COLLECTION FOR A COMPLETE REVIEW OF ADVANCED JAPANESE HISTORY

時 間 割

学校の時間割や塾の予定などを書き込みましょう。

	月	火	水	木	金	土
登校前						
1						
2						
3						
4						
5						
6						
放課後 夕食前						
放課後 夕食後						

年間予定表
定期テストや学校行事などのほか、個人的な予定も書き込んでみましょう。

4月	
5月	
6月	
7月	
8月	
9月	
10月	
11月	
12月	
1月	
2月	
3月	

1年間の目標　おもに勉強に関する目標を立てましょう。

旧石器時代～飛鳥時代のおもなできごと

時代	年代	おもなできごと
旧石器	約30～25万年前	人類の直接の祖先である新人がアフリカ大陸で誕生する
縄文	約1万年前	日本列島がほぼ現在に近い状態となる
		大陸より稲作が日本に伝わる
弥生	57	倭の奴国の王が後漢より金印を授けられる
	239	邪馬台国の卑弥呼が魏より「親魏倭王」の称号と金印を授けられる
古墳	391	倭の軍勢が朝鮮半島で高句麗と戦う
	478	倭王武（雄略天皇）が宋に使いを送る
	527	筑紫国造磐井が九州で反乱をおこす
飛鳥	603	厩戸王により，冠位十二階が制定される
	604	厩戸王により，憲法十七条が制定される
	607	遣隋使として小野妹子が派遣される
	645	蘇我蝦夷・入鹿父子が殺害され（乙巳の変），大化改新がはじまる
	663	白村江の戦いで倭の軍勢が唐・新羅の連合軍に敗北する
	694	藤原京に遷都する
	701	大宝律令が完成する

覚えておきたい元号

元号	年代	おもなできごと
大化	645～650	大化2年（646年）：改新の詔
大宝	701～704	大宝元年（701年）：大宝律令

覚えておきたい日本史の人物

弥生・古墳時代の重要人物

卑弥呼（生没年不詳）	雄略天皇（生没年不詳）
 邪馬台国の女王。弟が補佐するなか，鬼道（まじない）によって国を治めた。魏に朝貢し，「親魏倭王」の称号と金印を授かった。	 埼玉県の稲荷山古墳と熊本県の江田船山古墳から，名を刻んだ鉄剣・鉄刀が出土した。「宋書」倭国伝に出てくる「武」とされる。
壱与（生没年不詳）	卑弥呼の宗女（一族の娘）。邪馬台国は卑弥呼の死後に乱れたが，壱与を王に立てることで安定した。晋に使いを送る。
好太王（374～412）	高句麗の王。丸都（現在の中国吉林省集安市）に，功績をたたえる石碑がある。石碑には，391年より高句麗と倭が交戦したと記されている。

飛鳥時代の重要人物

厩戸王（574～622）	天智天皇（626～671）
 叔母の推古天皇の政治に協力し，冠位十二階や憲法十七条を制定した。また，法隆寺（斑鳩寺）や四天王寺を創建した。	 中大兄皇子の時代に，中臣鎌足の協力のもと蘇我蝦夷・入鹿父子を倒して大化改新を推進した。最初の戸籍である庚午年籍を制定した。
小野妹子（生没年不詳）	遣隋使として隋に渡り，煬帝に冊封関係を否定する国書を提出して不興を買った。その後答礼使の裴世清を伴い帰国した。
天武天皇（？～686）	天智天皇の弟。壬申の乱で大友皇子との後継者争いに勝利し即位。富本銭の鋳造や，八色の姓の制定などを行った。
持統天皇（645～702）	天武天皇の妻。天武天皇の死後に即位し，飛鳥浄御原令の施行や庚寅年籍の制定，藤原京への遷都などを行った。
鞍作鳥（生没年不詳）	飛鳥文化のころの仏師。飛鳥寺釈迦如来像（飛鳥大仏）や，法隆寺金堂釈迦三尊像を手がけた。

奈良時代〜平安時代前期・中期のおもなできごと

時代	年代	おもなできごと
奈良	710	平城京に遷都する
	723	三世一身法で開墾地の私有を期限付きで認める
	743	墾田永年私財法で開墾地の私有を認める
		大仏造立の詔が出される
	757	養老律令が施行される
	784	長岡京に遷都する
平安	794	平安京に遷都する
	810	平城太上天皇の変（薬子の変）がおこる
		藤原冬嗣が蔵人頭となる
	858	藤原良房が清和天皇の摂政となる
	884	藤原基経が光孝天皇の関白となる
	894	菅原道真が遣唐使の停止を進言する
	902	醍醐天皇により延喜の荘園整理令が出される
	939	天慶の乱（平将門の乱・藤原純友の乱）がおこる
	1000	藤原道長が娘の彰子を一条天皇の中宮とする（摂関政治の全盛期）

覚えておきたい元号

元号	年代	おもなできごと
養老	717〜724	養老7年（723年）：三世一身法
天平	729〜749	天平15年（743年）：墾田永年私財法・大仏造立の詔
延暦	782〜806	延暦13年（794年）：平安京遷都
弘仁	810〜824	弘仁元年（810年）：平城太上天皇の変（薬子の変）
延喜	901〜923	延喜2年（902年）：延喜の荘園整理令

\ いつでもチェック！重要シート /
覚えておきたい日本史の人物

奈良時代の重要人物

聖武天皇（701 〜 756）	鑑真（688 〜 763）
天武天皇の曾孫。藤原不比等の娘である光明子を皇后にむかえ，国分寺建立の詔，大仏造立の詔，墾田永年私財法などを制定。	唐の僧。たびたびの失敗にもくじけず日本に渡り，戒律を伝える。奈良に唐招提寺を建立し，そこで死去した。

藤原不比等 （659 〜 720）	中臣（藤原）鎌足の子。大宝律令や養老律令の編纂など律令国家の確立に貢献。聖武天皇の祖父にあたる。
孝謙天皇 （718 〜 770）	聖武天皇と光明子の子で女帝。大仏開眼供養などを行った。のちに称徳天皇として重祚し，道鏡を太政大臣禅師に取り立てた。
行基 （668 〜 749）	法相宗の僧。橋の建設などの社会事業を行い朝廷に迫害されるが，のちに大僧正に任じられ，大仏の造立に協力した。

平安時代前期・中期の重要人物

桓武天皇（737 〜 806）	藤原道長（966 〜 1027）
天智天皇の曾孫。光仁天皇と渡来人系の高野新笠の間に生まれ，平安京への遷都や勘解由使の設置など律令政治の立て直しを行う。	藤原氏北家出身の摂政。4人の娘を天皇に入内させ，後一条・後朱雀・後冷泉天皇の外祖父として摂関政治の全盛期を築いた。

坂上田村麻呂 （758 〜 811）	桓武天皇の時代に活躍した最初の征夷大将軍。蝦夷の族長阿弖流為を服属させ，陸奥国に胆沢城・志波城を築いた。
最澄 （767 〜 822）	日本の天台宗の開祖。比叡山に入り修行したあと，遣唐使に随行して唐に渡り天台宗を学んで帰国。弟子の円仁・円珍のころに天台宗は密教化。
菅原道真 （845 〜 903）	遣唐使の停止を実現した，醍醐天皇の時代の右大臣。左大臣藤原時平の讒言により大宰府に左遷。死後に御霊信仰の対象となる。

平安時代後期〜鎌倉時代のおもなできごと

時代	年代	おもなできごと
平安	1069	後三条天皇により延久の荘園整理令が出される
	1086	白河上皇による院政がはじまる
	1156	保元の乱がおこる
	1159	平治の乱がおこる
	1167	平清盛が武士として初の太政大臣となる
	1185	壇の浦の戦いで平氏が滅亡する
鎌倉	1192	源 頼朝が征夷大将軍となる
	1221	後鳥羽上皇が承久の乱をおこす
	1232	最初の武家法典である御成敗式目が制定される
	1274	元軍が博多湾に襲来する（文永の役）
	1281	元軍が再び博多湾に襲来する（弘安の役）
	1297	永仁の徳政令が出される
	1333	鎌倉幕府が滅亡する

覚えておきたい元号

元号	年代	おもなできごと
延久	1069 〜 1074	延久元年（1069 年）：延久の荘園整理令
文治	1185 〜 1190	文治元年（1185 年）：壇の浦の戦いで平氏滅亡
建久	1190 〜 1199	建久 3 年（1192 年）：源頼朝が征夷大将軍となる
承久	1219 〜 1222	承久 3 年（1221 年）：承久の乱
文永	1264 〜 1275	文永 11 年（1274 年）：文永の役
弘安	1278 〜 1288	弘安 4 年（1281 年）：弘安の役
永仁	1293 〜 1299	永仁 5 年（1297 年）：永仁の徳政令

CHECK

\ いつでもチェック！重要シート /

覚えておきたい日本史の人物

平安時代後期の重要人物

白河上皇 (1053 〜 1129)	平清盛 (1118 〜 1181)
天皇の位を堀河天皇にゆずったあと，院庁を開いて院政を開始した。また，北面の武士を設置し，六勝寺の1つである法勝寺を建立した。	平家の棟梁。武士としてはじめて太政大臣となった。また，大輪田泊の修築や，蓮華王院の造営などを行った。

藤原清衡 (1056 〜 1128)	奥羽地方の豪族。後三年合戦で源義家とともに内紛に勝利し，陸奥の平泉を中心に3代100年にわたる東北支配の基礎をつくった。
後白河法皇 (1127 〜 1192)	保元の乱に勝利し，上皇（のち法皇）として院政を行った。今様の歌集である『梁塵秘抄』を編纂した。

鎌倉時代の重要人物

源頼朝 (1147 〜 1199)	北条義時 (1163 〜 1224)
源氏の棟梁。平治の乱で敗れ伊豆に流されたが，以仁王の令旨に呼応して挙兵。平氏を滅ぼし，後白河法皇の死後に征夷大将軍に就任した。	鎌倉幕府の2代執権。和田合戦で有力御家人の和田義盛を滅ぼし，承久の乱で後鳥羽上皇に勝利。執権政治を盤石なものとした。

後鳥羽上皇 (1180 〜 1239)	後白河法皇の孫。西面の武士を設置し，鎌倉幕府3代将軍源実朝の死後に承久の乱をおこすが敗れて隠岐に流された。
北条時宗 (1251 〜 1284)	鎌倉幕府の8代執権。元の皇帝フビライ=ハンの服属要求を退け，文永の役と弘安の役では御家人を動員して侵攻を防いだ。
親鸞 (1173 〜 1262)	浄土真宗の開祖。天台宗を学んだあと浄土宗の開祖法然に師事。悪人正機説を説いた。主著に『教行信証』。
重源 (1121 〜 1206)	鎌倉初期の浄土宗の僧。源平の争乱で焼打ちを受けた東大寺の再建を志し，宋人陳和卿の協力を得て東大寺南大門を建てた。

南北朝時代～安土桃山時代のおもなできごと

時代		年代	おもなできごと
	南北朝	1336	足利尊氏が京都を制圧し，後醍醐天皇が吉野に逃れる
			（南北朝時代のはじまり）
室町		1392	足利義満が南北朝を合体する
		1404	日明貿易がはじまる
		1467	応仁の乱がはじまる（～ 1477）
	戦国	1543	鉄砲が伝わる
		1549	フランシスコ＝ザビエルによってキリスト教が伝わる
		1573	織田信長が足利義昭を京都から追放する（室町幕府の滅亡）
		1582	織田信長が本能寺の変で明智光秀に討たれる
安土桃山		1587	豊臣秀吉がバテレン（宣教師）追放令を出す
		1588	豊臣秀吉が刀狩令を出す
		1592	豊臣秀吉が朝鮮へ派兵する（文禄の役）
		1597	豊臣秀吉が再び朝鮮へ派兵する（慶長の役）
		1600	関ヶ原の戦いがおこる

覚えておきたい元号

元号	年代	おもなできごと
建武	1334 ～ 1338	建武元～ 2 年（1334 ～ 1335 年）：建武の新政
明徳	1390 ～ 1394	明徳 3 年（1392 年）：南北朝の合体
応仁	1467 ～ 1469	応仁元年（1467 年）：応仁の乱がはじまる
天正	1573 ～ 1592	天正 10 年（1582 年）：本能寺の変
文禄	1592 ～ 1596	文禄元年（1592 年）：文禄の役
慶長	1596 ～ 1615	慶長 2 年（1597 年）：慶長の役
		慶長 5 年（1600 年）：関ヶ原の戦い

\ いつでもチェック！重要シート /

覚えておきたい日本史の人物

南北朝・室町時代の重要人物

後醍醐天皇（1288 ～ 1339）	足利義満（1358 ～ 1408）
 大覚寺統の天皇。足利尊氏・新田義貞らの協力で鎌倉幕府を滅ぼす。その後建武の新政を行うが失敗。京都を逃れ吉野に南朝を立てた。	 室町幕府3代将軍。太政大臣。南北朝の合体を実現し，将軍退位後には日明貿易を開始。京都の室町に花の御所，北山に金閣を造営した。

足利義政 （1436 ～ 1490）	室町幕府8代将軍。後継者をめぐる争いが応仁の乱の一因となった。京都の東山に銀閣や東求堂を造営した。
武田信玄 （1521 ～ 1573）	甲斐・信濃一帯を支配した戦国大名。越後の上杉謙信と川中島で5度にわたり戦った。分国法の『甲州法度之次第』を制定した。
世阿弥 （生没年不詳）	能役者。大和猿楽四座の観世座の出身で，父の観阿弥とともに猿楽能を大成した。芸術論書の『風姿花伝（花伝書）』を著した。
尚巴志 （1372 ～ 1439）	琉球の中山王。山北・中山・山南の3勢力に分かれていた琉球を統一し琉球王国を建国。初代国王となった。

安土桃山時代の重要人物

織田信長（1534 ～ 1582）	豊臣秀吉（1537 ～ 1598）
 尾張の戦国大名。室町幕府15代将軍足利義昭を奉じて上洛。安土城を拠点に天下統一をすすめたが，本能寺の変で明智光秀に討たれた。	 織田信長の家臣。信長の後継者として天下統一を達成。太閤検地を実施し石高制を確立した。晩年に2度にわたる朝鮮への出兵を行った。

フランシスコ=ザビエル （1506 ～ 1552）	カトリック修道会のひとつであるイエズス会の宣教師。1549年に鹿児島に到着し，日本で最初にキリスト教を布教した。
千利休 （1522 ～ 1591）	安土桃山時代の茶人。室町時代に村田珠光が創始した侘茶を大成させた。妙喜庵茶室（待庵）に，利休の茶の精神があらわれている。

＼ いつでもチェック！ 重要シート ／

江戸時代のおもなできごと

時代	年代	おもなできごと
江戸	1603	徳川家康が征夷大将軍となる
	1615	大坂夏の陣で豊臣家が滅亡する
		最初の武家諸法度（元和令）が出される
	1635	参勤交代の制度が定められる
	1637	島原の乱がおこる（〜 1638）
	1641	オランダ商館を長崎の出島に移す（鎖国の成立）
	1709	新井白石による正徳の政治がはじまる（〜 1716）
	1716	徳川吉宗による享保の改革がはじまる（〜 1745）
	1772	田沼意次が老中となる
	1782	天明の飢饉がおこる（〜 1787）
	1787	松平定信による寛政の改革がはじまる（〜 1793）
	1825	異国船打払令が出される
	1837	大坂で大塩の乱がおこる
	1841	水野忠邦による天保の改革がはじまる（〜 1843）

覚えておきたい元号

元号	年代	おもなできごと
元和	1615 〜 1624	元和元年（1615 年）：武家諸法度（元和令）
寛永	1624 〜 1644	寛永 12 年（1635 年）：参勤交代の制度が定められる
元禄	1688 〜 1704	このころ元禄文化が栄える
享保	1716 〜 1736	享保元年（1716 年）：享保の改革がはじまる
天明	1781 〜 1789	天明 2 年（1782 年）：天明の飢饉がおこる
		天明 7 年（1787 年）：寛政の改革がはじまる
天保	1830 〜 1844	天保 8 年（1837 年）：大塩の乱
		天保 12 年（1841 年）：天保の改革がはじまる

\ いつでもチェック！重要シート /

覚えておきたい日本史の人物

江戸時代の重要人物

徳川家康（1542 ～ 1616）

三河出身の戦国大名。関ヶ原の戦いに勝利し征夷大将軍となる。大坂夏の陣で豊臣氏を滅ぼし，約 260 年続く江戸幕府の基礎を作った。

新井白石（1657 ～ 1725）

江戸幕府 6 代将軍徳川家宣・7 代将軍家継の侍講として正徳の政治を展開。閑院宮家の創設や，海舶互市新例の制定などを実施した。

徳川吉宗（1684 ～ 1751）

三家の紀伊徳川家から江戸幕府 8 代将軍となる。享保の改革を推進し，足高の制や上げ米の実施，『公事方御定書』の編纂などを行った。

松平定信（1758 ～ 1829）

徳川吉宗の孫にあたる老中。白河藩主。寛政の改革を推進し，棄捐令や旧里帰農令，寛政異学の禁などの諸政策を実施した。

徳川家光 （1604 ～ 1651）	江戸幕府 3 代将軍。武家諸法度（寛永令）を制定し，参勤交代を制度化した。また島原の乱後に鎖国体制を完成させた。
田沼意次 （1719 ～ 1788）	側用人から老中となる。商人の力を利用した財政再建をめざし，南鐐二朱銀の鋳造や株仲間の奨励，長崎貿易の振興を実施した。
大塩平八郎 （1793 ～ 1837）	大坂町奉行所の元与力。陽明学者。天保の飢饉に際し幕府が貧民救済を行わなかったため，大坂で大塩の乱をおこした。
水野忠邦 （1794 ～ 1851）	浜松藩主の老中。天保の改革を推進し，株仲間の解散や人返しの法などの諸政策を実施。上知令の実施に失敗し失脚した。
菱川師宣 （? ～ 1694）	江戸で活躍した画家。狩野派，土佐派などの画法を学び浮世絵版画を創始した。代表作に見返り美人図。
本居宣長 （1730 ～ 1801）	伊勢松坂出身の国学者。賀茂真淵に学び，『古事記伝』を著す。儒教や仏教を廃した日本古来の精神に立ち返ることを主張した。

幕末〜明治時代のおもなできごと

時代	年代	おもなできごと
江戸	1854	日米和親条約が結ばれ日本が開国する
	1858	日米修好通商条約が結ばれ自由貿易がはじまる
	1860	桜田門外の変で大老井伊直弼が暗殺される
	1867	大政奉還が行われる（江戸幕府の滅亡）
明治	1868	五箇条の誓文が出される（明治新政府の基本方針決定）
	1871	廃藩置県が行われる
	1874	民撰議院設立の建白書が政府に提出される（自由民権運動の開始）
	1877	西南戦争がおこる
	1885	内閣制度が発足する
	1889	大日本帝国憲法（明治憲法）が発布される
	1894	日清戦争がはじまる（〜 1895）
	1902	日英同盟協約が調印される
	1904	日露戦争がはじまる（〜 1905）
	1910	韓国併合条約が調印される

覚えておきたい元号

元号	年代	おもなできごと
安政	1854 〜 1860	安政 5 年（1858 年）：日米修好通商条約
慶応	1865 〜 1868	慶応 3 年（1867 年）：大政奉還
		慶応 4 年（1868 年）：五箇条の誓文
明治	1868 〜 1912	明治 4 年（1871 年）：廃藩置県
		明治 7 年（1874 年）：民撰議院設立の建白書の提出
		明治 18 年（1885 年）：内閣制度発足
		明治 22 年（1889 年）：大日本帝国憲法発布
		明治 27 年（1894 年）：日清戦争がはじまる
		明治 37 年（1904 年）：日露戦争がはじまる
		明治 43 年（1910 年）：韓国併合

\ いつでもチェック！重要シート /

覚えておきたい日本史の人物

幕末の重要人物

坂本龍馬（1835 ～ 1867）

土佐藩出身の志士。独自の国家構想である「船中八策」を説く。中岡慎太郎とともに薩長にはたらきかけ薩長連合を成立させた。

徳川慶喜（1837 ～ 1913）

江戸幕府15代将軍。倒幕派の機先を制して大政奉還を行った。戊辰戦争では江戸城無血開城に応じ，晩年には貴族院議員となった。

ペリー （1794 ～ 1858）	アメリカ合衆国の海軍提督。1853 年，サスケハナ号を旗艦とする4隻の軍艦で浦賀に来航し，翌年には日米和親条約を締結して日本を開国させた。
井伊直弼 （1815 ～ 1860）	彦根藩主の大老。無勅許で日米修好通商条約への調印を行い，安政の大獄で尊王攘夷派を弾圧した。桜田門外の変で暗殺された。

明治時代の重要人物

西郷隆盛（1827 ～ 1877）

薩摩藩出身の参議。戊辰戦争では江戸城無血開城を実現。征韓論争で下野したあと，不平士族の首領となり西南戦争をおこした。

伊藤博文（1841 ～ 1909）

初代内閣総理大臣，立憲政友会初代総裁。内閣制度や大日本帝国憲法を成立させた。韓国統監となり，退官後に安重根に暗殺された。

板垣退助 （1837 ～ 1919）	自由党の総理（党首）。征韓論争で下野したあと，政府に民撰議院設立の建白書を提出。自由民権運動を展開した。
山県有朋 （1838 ～ 1922）	初代陸軍卿。徴兵制度の確立や地方制度の整備にたずさわる。総理大臣を2回務め，元老として大きな影響力をもった。
桂太郎 （1847 ～ 1913）	山県有朋の後継者。日露戦争時の内閣総理大臣。3度にわたって内閣を組織するが，第3次内閣は第一次護憲運動で倒閣された。
福沢諭吉 （1834 ～ 1901）	緒方洪庵の適々斎塾で学ぶ。慶応義塾や明六社の設立にたずさわる。主著に『西洋事情』『学問のすゝめ』など。

大正時代～昭和戦前のおもなできごと

時代	年代	おもなできごと
大正 (たいしょう)	1912	第1次護憲運動(ごけんうんどう)がおこる
	1914	第一次世界大戦が勃発(ぼっぱつ)する（～1918）
	1918	米騒動(こめそうどう)が発生する
	1923	関東大震災(かんとうだいしんさい)が発生する
	1924	第2次護憲運動がおこる
	1925	普通選挙法(ふつうせんきょほう)・治安維持法(ちあんいじほう)が成立する
昭和 (しょうわ)	1931	満洲事変(まんしゅうじへん)がおこる（日本軍が中国東北部に出兵）
	1932	五・一五事件(ごいちごじけん)がおこる（海軍青年将校(かいぐんせいねんしょうこう)中心のクーデタ）
	1936	二・二六事件(にいにいろく)がおこる（陸軍(りくぐん)青年将校中心のクーデタ）
	1937	日中戦争(にっちゅうせんそう)がはじまる（～1945）
	1939	第二次世界大戦が勃発する（～1945）
	1941	太平洋戦争(たいへいよう)がはじまる（～1945）
	1945	沖縄戦(おきなわせん)が行われる
		広島・長崎(ひろしま・ながさき)に原子爆弾(げんしばくだん)が投下される
		ポツダム宣言(せんげん)を受諾(じゅだく)し連合国に降伏する

覚えておきたい元号

元号	年代	おもなできごと
大正	1912～1926	大正3年（1914年）：第一次世界大戦勃発
		大正7年（1918年）：米騒動
		大正12年（1923年）：関東大震災
		大正14年（1925年）：普通選挙法・治安維持法成立
昭和	1926～1989	昭和6年（1931年）：満洲事変
		昭和7年（1932年）：五・一五事件
		昭和11年（1936年）：二・二六事件
		昭和12年（1937年）：日中戦争がはじまる
		昭和16年（1941年）：太平洋戦争がはじまる
		昭和20年（1945年）：ポツダム宣言を受諾し連合国に降伏

\ いつでもチェック！重要シート /

覚えておきたい日本史の人物

大正時代の重要人物

原敬（1856 〜 1921）	加藤高明（1860 〜 1926）
立憲政友会総裁。米騒動のあと内閣総理大臣となり，小選挙区制の導入などを実現。藩閥や華族出身でないことから「平民宰相」とよばれた。	憲政会総裁。清浦奎吾内閣が成立すると，第2次護憲運動を展開し倒閣。総理大臣就任後は普通選挙法や治安維持法を成立させた。
幣原喜重郎 （1872 〜 1951）	外交官。4回にわたって外相を務め，協調外交を方針とする幣原外交を推進した。戦後に内閣総理大臣となり，GHQより五大改革指令を受けた。
吉野作造 （1878 〜 1933）	政治学者。提唱した民本主義は大正デモクラシーの理論的支柱となった。また黎明会や東大新人会を組織し，民本主義を啓蒙した。
平塚らいてう （1886 〜 1971）	婦人運動家。女性文芸誌『青鞜』の創刊や新婦人協会の設立にたずさわり，女性への差別撤廃と権利獲得をうったえた。

昭和戦前の重要人物

犬養毅（1855 〜 1932）	近衛文麿（1891 〜 1945）
革新倶楽部，立憲政友会総裁。第1次，第2次護憲運動で倒閣運動の先頭に立つ。内閣総理大臣となるが，五・一五事件で殺害された。	貴族院議員。日中戦争開始時の首相で，近衛声明を出し蒋介石の国民政府と対立。新体制運動を推進し，大政翼賛会を設立した。
田中義一 （1864 〜 1929）	立憲政友会総裁，内閣総理大臣。モラトリアムを出し金融恐慌を収束させた。張作霖爆殺事件への対応が原因で辞任。
浜口雄幸 （1870 〜 1931）	立憲民政党総裁，内閣総理大臣。首相就任時に昭和恐慌が発生。ロンドン海軍軍備制限条約の調印により統帥権干犯問題がおこった。
東条英機 （1884 〜 1948）	陸軍大臣，内閣総理大臣。首相に就任すると太平洋戦争開戦に踏み切った。1943年に大東亜会議を開催。戦後の東京裁判で死刑となった。

昭和戦後～平成時代のおもなできごと

時代	年代	おもなできごと
昭和	1946	日本国憲法が公布される（翌年に施行）
	1950	朝鮮戦争が勃発する（～ 1953）
	1951	サンフランシスコ平和条約に調印する（翌年に独立回復）
		日米安全保障条約に調印する
	1954	自衛隊が創設される
	1955	保守合同により自由民主党が結成される（55 年体制の成立）
	1956	日ソ共同宣言が出される（ソ連との国交正常化）
		日本の国際連合加盟が実現する
	1960	日米相互協力及び安全保障条約（新安保条約）に調印する
	1965	日韓基本条約に調印する（韓国との国交樹立）
	1972	沖縄が本土に復帰する
		日中共同声明が出される（中国との国交正常化）
平成	1993	非自民 8 党派の連立政権が成立する（55 年体制の崩壊）
	2001	ニューヨークで同時多発テロ事件がおこる
	2011	東日本大震災が発生する

覚えておきたい元号

元号	年代	おもなできごと
昭和	1926 ～ 1989	昭和 21 年（1946 年）：日本国憲法公布
		昭和 25 年（1950 年）：朝鮮戦争勃発
		昭和 26 年（1951 年）：サンフランシスコ平和条約
		昭和 31 年（1956 年）：日本の国際連合加盟
		昭和 40 年（1965 年）：日韓基本条約
		昭和 47 年（1972 年）：沖縄の本土復帰・日中共同声明
平成	1989 ～ 2019	平成 5 年（1993 年）：55 年体制崩壊
		平成 23 年（2011 年）：東日本大震災

\ いつでもチェック！重要シート /

覚えておきたい日本史の人物

昭和戦後〜平成時代の重要人物

マッカーサー（1880 〜 1964）

アメリカ合衆国の陸軍元帥。GHQ の最高司令官となり，日本の占領政策を指示。朝鮮戦争がおこると国連軍総司令官に任ぜられた。

吉田茂（1878 〜 1967）

外交官，自由党総裁。のべ 7 年間首相を務め，経済安定九原則を実行した。サンフランシスコ平和条約に調印し，日本の独立回復を実現。

岸信介（1896 〜 1987）

自由民主党総裁。首相に就任すると，日米安全保障条約の改定をめざし，日米相互協力及び安全保障条約（新安保条約）を締結した。

田中角栄（1918 〜 1993）

自由民主党総裁。「日本列島改造論」を掲げて首相に就任。訪中して日中共同声明を発表し，日中国交正常化を実現させた。

鳩山一郎 （1883 〜 1959）	日本民主党総裁。自由党と合同し自由民主党の初代総裁となる。自主外交を推進し，日ソ共同宣言に調印した。
池田勇人 （1899 〜 1965）	自由民主党総裁。岸信介のあとを継いで首相となり，「所得倍増」をとなえ高度経済成長を促進させた。
佐藤栄作 （1901 〜 1975）	自由民主党総裁。岸信介の弟。日韓基本条約の締結や小笠原諸島・沖縄の本土返還を実現。1974 年にノーベル平和賞受賞。
中曽根康弘 （1918 〜 2019）	自由民主党総裁。首相に就任すると行財政改革を推進。国鉄（現 JR），専売公社（現 JT），電電公社（現 NTT）の民営化を行った。
細川護熙 （1938 〜　　）	日本新党代表。55 年体制崩壊後，非自民 8 党派の連立政権の首相となった。
湯川秀樹 （1907 〜 1981）	物理学者。日本が占領されていた 1949 年，中間子理論の研究で日本人初のノーベル賞（ノーベル物理学賞）を受賞した。

No.

Date

日本史探究
ADVANCED JAPANESE HISTORY

THE LOOSE-LEAF STUDY GUIDE
FOR HIGH SCHOOL STUDENTS

THEME 原始・古代 **旧石器・縄文時代の生活と文化**

この時代のおもなできごと

地質年代	時代	年代	おもなできごと
漸新世（ぜんしんせい）		約2350万年前	
中新世（ちゅうしんせい）		□約700万年前	直立歩行をする 01＿＿＿ が出現 └●アウストラロピテクスなど
鮮新世（せんしんせい）		約500万年前	
		約260万年前	
05＿＿＿（氷河時代）（ひょうがじだい）	旧石器（きゅうせっき）	□約250万年前	火や道具を使う 02＿＿＿ が出現 └●ホモ＝エレクトゥスなど
		□約35万年前	脳容積が現代人に匹敵する 03＿＿＿ が出現
		□約30～25万年前	現在の人類の祖先である 04＿＿＿ が出現
完新世（かんしんせい）	新石器（しんせっき）	□約1万年前	日本列島がほぼ現在に近い状態となる

日本列島の形成と旧石器時代

05＿＿＿ は，氷期とよばれる寒冷な時期と，間氷期（かんぴょうき）とよばれる温暖な時期が交互におとずれた。

➡氷期の時期は海面が下がり，日本列島が大陸と地続きになった。

動物の移動 大陸と地続きのとき，ナウマンゾウ・オオツノジカ・ヘラジカなどの大型動物が日本に移動。

人類の移動 アフリカで誕生した新人が，ユーラシア大陸を経由して日本に到達。

道具 ・06＿＿＿ 石器（せっき）…相沢忠洋（あいざわただひろ）が岩宿遺跡（いわじゅく）の関東ローム層で発見。ナイフ形石器・尖頭器（せんとうき）・細石器（さいせっき）・石斧（せきふ）など

食料採集 ・ナウマンゾウやオオツノジカなどの大型動物を石槍で狩猟
・植物性食料の採取

住居集落 小型のテントや洞穴（どうけつ）…定住せず獲物を求めて移動

氷期の日本列島

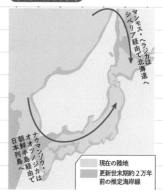

マンモス・ヘラジカは
シベリア経由で北海道へ

ナウマンゾウ・
オオツノジカは
朝鮮半島経由で
日本列島へ

| | 現在の陸地 |
| | 更新世末期約2万年前の推定海岸線 |

細石器

尖頭器

THEME 旧石器・縄文時代の生活と文化

縄文時代の生活

> 縄文時代には，現在の海岸線の奥まで海となった時期がある。これを縄文海進という。

約1万年前に最後の氷期が終わり温暖になると，日本は現在の自然に近い環境となった。

道具
- 06 _____ 石器に加えて 07 _____ 石器が出現
- 骨角器
- 08 _____ 土器…煮炊きが可能となる

食料採集
- 弓矢でシカやイノシシなどの中小型動物を狩猟
- 釣りや投網などの漁労
- 植物性食料の採取

住居・集落
- 竪穴住居…家を建てて定住するようになり，大規模な集落も営まれた
- 09 _____ …貝殻などの廃棄物が積みあがった塚で，当時の生活を知る手がかり

発展

約1万6000年～2500年前を縄文時代とよび，6つの時代区分に分かれる。

時代区分	特徴的な土器
草創期	無文土器・隆起線文土器・爪形文土器
早期	
前期	
中期	火炎土器
後期	
晩期	亀ケ岡式土器

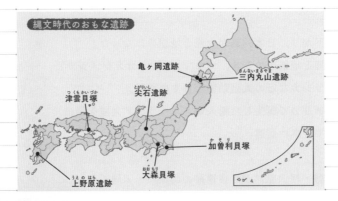

縄文時代のおもな遺跡

亀ヶ岡遺跡
三内丸山遺跡
尖石遺跡
津雲貝塚
加曽利貝塚
大森貝塚
上野原遺跡

縄文時代の社会と文化

信仰
万物に精霊がやどるとするアニミズム（精霊崇拝）。
- 10 _____：女性などをかたどった土製の人形。呪術に使われたと考えられている。
- 石棒：男性器をかたどった棒。呪術に使われたと考えられている。
- 抜歯：成人への通過儀礼として健康な歯を抜く行為がなされた。

埋葬
体を折り曲げて葬る 11 _____ が一般的だった。

交易
矢じりなどに使われた 12 _____ や，ひすいの分布から，遠隔地との取引が行われていたことが判明している。また，外洋航海術もすでにもっていた。

No.

Date.

日本史探究
ADVANCED JAPANESE HISTORY

THE LOOSE-LEAF STUDY GUIDE
FOR HIGH SCHOOL STUDENTS

THEME 原始・古代 弥生時代の生活と文化

この時代のおもなできごと

時代	年代	おもなできごと
縄文	紀元前5～4世紀ごろ	大陸より稲作が日本に伝わる
弥生	□紀元前5世紀～前4世紀	東日本まで稲作が伝わる
弥生	□紀元前後	北海道地方で続縄文文化がはじまる
古墳	□3世紀 3世紀半ば	大型の 01 ____ が出現するようになる └ 盛土をして丘のような形にした墓。

北海道や沖縄には，稲作は伝わらなかった。

農耕社会のはじまり

中国の長江中流・下流域で行われた稲作が縄文時代晩期に日本に伝わり，九州北部で稲作がはじまった。
その後稲作は東日本にまで伝わり，水稲農耕を基礎とする弥生文化が成立した。

稲作の形態の変化

	弥生時代前期	弥生時代中期	弥生時代後期
水田	02 ____ └ 一年中水がはってある。 三角州などに立地。	03 ____ └ 灌漑施設があり，休耕時には水を抜く。 地下水位の低い場所に立地。	
道具	磨製石器を使った農具や 刃先まで木でできた木製の農具	刃先が 04 ____ 製 の農具	

稲作の伝来ルート

ジャポニカ種

熱帯ジャポニカ種

稲作の開始にともなう社会の変化

稲作の開始 → 集団をまとめる人物が必要となる → 指導者（首長）の出現
集団内での身分差が生まれる

稲作の伝わらなかった地域

北海道と沖縄には稲作は伝わらず，北海道では続縄文文化，沖縄では貝塚文化という狩猟採集を基礎とする文化が発達した。

THEME 弥生時代の生活と文化

弥生時代の生活

稲作がはじまったことで，集落は水田に近い平野部に営まれるようになった。

 道具
- 石器…弥生時代後期には減少
- 05 _____ 土器…縄文土器より簡素
- 金属器…青銅器と鉄器

 食料採集
- 縄文時代と同様の食料採集
- 水稲耕作
- イノシシの飼育

 住居・集落
- 竪穴住居
- 06 _____ …イネなどを湿気や害虫から守る
- 環濠集落
- 高地性集落 }…外敵からの防衛を目的とした集落

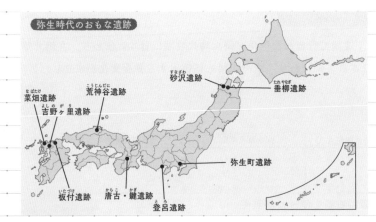

弥生時代のおもな遺跡

砂沢遺跡
垂柳遺跡
荒神谷遺跡
菜畑遺跡
吉野ヶ里遺跡
弥生町遺跡
板付遺跡
唐古・鍵遺跡
登呂遺跡

弥生時代の文化

信仰

農耕が本格的にはじまったことで，収穫を祈願したり感謝したりする祭りが行われるようになった。

埋葬

手足を伸ばして葬る 07 _____ が一般的。
- 08 _____：大型の土器に死者を入れて埋葬した。
- 大規模な墓：方形周溝墓，楯築墳丘墓，四隅突出型墳丘墓など。
- 副葬品：身分差の出現を示す。

交易

青銅製祭器や支石墓など朝鮮半島の文化から影響を受けたものがみられる。

発展

収穫を祈願する祭りには青銅製祭器が使われた。青銅製祭器の分布から，当時の文化圏を知ることができる。
- 銅鐸…近畿地方
- 平形銅剣…瀬戸内中部
- 銅矛・銅戈…九州北部

No.

Date.

日本史探究
ADVANCED JAPANESE HISTORY

THE LOOSE-LEAF STUDY GUIDE
FOR HIGH SCHOOL STUDENTS

THEME 原始・古代 小国の分立と邪馬台国連合

この時代のおもなできごと

時代	年代	おもなできごと
縄文	紀元前4世紀ごろ	大陸より稲作が日本に伝わる
	紀元前1世紀ごろ	倭人（日本）の社会が百余国に分かれる
弥生	□ 57	倭の 01 ▢ の王が後漢より金印を授けられる
	□ 107	倭国王帥升等が生口を後漢に献上する
	□ 2世紀後半	倭国で大きな争乱がおこる（倭国大乱）
	□ 239	02 ▢ が魏より「親魏倭王」の称号と金印を授けられる
古墳	□ 3世紀 3世紀半ば	大型の墳丘墓が出現するようになる

小国の分立

農耕社会が成立して集団が形成されると，強力な集団が周辺の集団を統合していき「クニ」とよばれる小国が各地で生まれた。

地域連合の形成

クニは争いや集合を繰り返しながら，地域連合としてまとまっていったが，2世紀後半になると大規模な戦乱の時期をむかえた。

地域連合の形成

指導者（首長）の出現	→ 集団同士の争い →	クニ（小国）の分立	→ クニ同士の争い →	地域連合の出現	→	2世紀後半に大規模な戦乱 倭国大乱
有力な指導者が集団を支配		有力な集団が他の集団を支配してクニができる		クニ同士が集まって地域連合を形成		

戦いに備えた集落

環濠集落

まわりに濠をめぐらした環濠集落，山の上に築かれた高地性集落など，生活の便利さよりも防衛を優先した集落が生まれた。

●吉野ヶ里遺跡：佐賀県にある最大級の環濠集落の遺跡。
●紫雲出山遺跡：香川県にある高地性集落の遺跡。

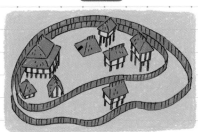

中国の史書にみられる日本

弥生時代の日本には，まだ漢字が伝わっておらず，解読できる文献が残っていない。

日本のようすは中国の史書によって知ることができる。

紀元前1世紀ごろの日本

- 史書：03 _____

- 中国の王朝：漢（前漢）

漢の領土だった。

- 内容：倭人の社会は百余国に分かれ，朝鮮半島の 04 _____ に定期的に使者を送っていた。

1〜2世紀ごろの日本

- 史書：05 _____

- 中国の王朝：漢（後漢）

- 内容：倭の 01 _____ の使者が後漢の都洛陽に来たので，光武帝は印を授けた。

  また，別の倭の王（倭国王帥升等）が後漢の安帝に生口（奴隷）を献

  上した。

金印

- 金印：江戸時代後期にあたる1784年，「漢委奴国王」と刻印された金印が筑

  前国の志賀島（現在の福岡県福岡市東区）で発見された。

2〜3世紀ごろの日本

- 史書：06 _____

- 中国の王朝：魏

- 内容：倭では2世紀の終わりごろに大きな争乱がおこった。そこで

  国々が共同で邪馬台国の女王 02 _____ を立てて王とし

  た。

鬼道（まじない）をもって
国を統治した。

3世紀ごろの東アジア

高句麗
楽浪
帯方
洛陽
魏
馬韓
辰韓
弁韓（弁辰）
倭
呉

邪馬台国には大人・下戸といった身分差があり，刑罰が定め

られていた。また，国々では市場も開かれていた。

02 _____ は魏の皇帝に使いを送り「親魏倭王」の称号と

銅鏡などを賜った。

 発展

「魏志」倭人伝から推定される邪馬台国が存在した場所については，近畿説と九州説の2説がある。

近畿説をとった場合，邪馬台国はのちのヤマト政権の母体になったと考えられる。

No.

日本史探究
ADVANCED JAPANESE HISTORY

Date

THE LOOSE-LEAF STUDY GUIDE
FOR HIGH SCHOOL STUDENTS

THEME 原始・古代 古墳の出現とヤマト政権の成立

この時代のおもなできごと

時代	年代	おもなできごと
弥生	☐ 239	卑弥呼が魏より「親魏倭王」の称号と金印を授けられる
古墳	☐ 313	高句麗が朝鮮半島の 01 _____ を滅ぼす
	☐ 391	倭の軍勢が朝鮮半島で高句麗と戦う
	☐ 478	倭王 02 _____ が中国に使いを送る
飛鳥		

古墳の出現

弥生時代より営まれていた墳丘墓が大型化し，3世紀中ごろから西日本を中心に古墳が出現した。この時代より7世紀ごろまでを古墳時代という。

古墳時代の分類

	特徴	代表的な古墳	古墳の種類
前期 （3世紀中ごろ～4世紀後半）	前方後円墳，前方後方墳，円墳，方墳などさまざまな形の古墳	箸墓古墳	円墳　方墳
中期 （4世紀後半～5世紀末）	前方後円墳が大型化	03 _____ └▶日本最大の古墳	前方後方墳
後期 （6世紀～7世紀）	古墳の小型化， 04 _____ の出現	新沢千塚古墳群 岩橋千塚古墳群	前方後円墳
終末期（7世紀）	八角墳の出現	天武・持統陵	八角墳

主要な古墳

●…前方後円墳
◆…群集墳

岩戸山古墳
造山古墳
大仙陵古墳・誉田御廟山古墳
稲荷山古墳
吉見百穴
岩橋千塚古墳群
江田船山古墳

THEME **古墳の出現とヤマト政権の成立**

古墳の構造と副葬品

古墳内の埋葬施設の構造は，一度しか葬れない 05 _____ から追葬可能な 06 _____ へ，
副葬品は司祭者的な性格をあらわすものから武人的な性格をあらわすものに変化した。

	前期	中期	後期	
埋葬施設	05		06	
埴輪の種類	円筒埴輪	円筒埴輪 形象埴輪 ・動物埴輪・人物埴輪・ 家形埴輪・器財埴輪 など。	形象埴輪	
副葬品	司祭者的性格 ・三角縁神獣鏡 ・銅鏡 ・腕輪 など	武人的性格 ・鉄製武器 ・武具 ・馬具 など		

└→この時期に朝鮮半島から乗馬の技術が伝わった。

器財埴輪
（蓋形埴輪）

ヤマト政権の出現

ヤマト政権の成立

近畿地方で豪族たちの連合政権であるヤマト政権が出現。4世紀ごろまでに，九州から関東地方までを
支配した。ヤマト政権の首長を 07 _____ という。

ヤマト政権の勢力範囲

埼玉県稲荷山古墳出土の鉄剣と熊本県江田船山古墳出土の鉄刀にはともに「ワカタケル」と記され，当
時のヤマト政権の勢力が関東や九州にまで及んでいたことがわかる。

ヤマト政権の勢力外交

●高句麗広開土王（好太王）碑の碑文：ヤマト政権が百済や加耶ととも
（現在の中国吉林省にある。）に高句麗と戦ったことが記され
ている。

● 08 _____ ：中国の史書。倭の五王が中国南朝の宋に使い
を送ったことが記されている。

●倭の五王：讃・珍・済・興・武の5人の王のこと。興は安康天皇，武
は 09 _____ とされる。

4～5世紀の東アジア

丸都
（広開土王碑）

高句麗

新羅

倭

百済

加耶

宋

No.

日本史探究
ADVANCED JAPANESE HISTORY

Date

THE LOOSE-LEAF STUDY GUIDE
FOR HIGH SCHOOL STUDENTS

THEME 原始・古代 古墳時代の生活と文化

この時代のおもなできごと

時代	年代	おもなできごと
弥生	☐ 239	卑弥呼が魏より「親魏倭王」の称号と金印を授けられる
古墳	☐ 313	高句麗が楽浪郡を滅ぼす
	☐ 391	倭の軍勢が朝鮮半島で高句麗と戦う
	☐ 478	倭王武が中国に使いを送る
	☐ 527	筑紫国造磐井が九州で反乱をおこす
	☐ 538 または 552	百済の 01＿＿＿＿ より仏教が日本に伝えられる

古墳時代の生活

生活

支配者と被支配者の区分が弥生時代より明確になった。民衆が住居と倉庫からなる集落に集住する一方，その土地の首長である豪族は集落から離れた場所に居館を築いた。

住居
- 豪族は濠をめぐらせた居館に，一般民衆は平地住居や竪穴住居に住む
  - ▶竪穴住居のように地面を掘らず，地表を床とした住居。
- カマドが朝鮮半島より伝来

土器
- 02＿＿＿＿…弥生土器の系譜をひく土器
- 03＿＿＿＿…朝鮮半島より伝来したのぼり窯の技術で作成

須恵器

信仰

●祭り：農耕に関する儀礼が今日まで続く祭りとなった。

春	04＿＿＿＿	豊作を神に祈願する祭り
秋	05＿＿＿＿	収穫を神に感謝する祭り

●自然崇拝：縄文時代以来の自然崇拝を受け継ぐ。
- 山や絶海の孤島などを祭祀の対象とした。
  - ▶三輪山（奈良県）や沖ノ島（福岡県）など。
- 巨大な岩や変わった形の岩を磐座として祭祀の対象とした。

●呪術的風習
- 06＿＿＿＿ の法…鹿の肩甲骨を焼き，ひび割れの形で吉凶を占う。
- 07＿＿＿＿…熱湯に手を入れさせ，ただれるかどうかで真偽を判断する。

THEME **古墳時代の生活と文化**

ヤマト政権の支配体制

ヤマト政権は豪族の連合体であり，大王の一族を中心に有力な豪族が政権の中枢を担った。

●氏姓制度：豪族は血縁関係などをもとに <u>08</u> を組織し，大王により <u>09</u> という称号を与えら

れた。この制度を氏姓制度という。

| 08 | 地域や職掌によって編成された組織。葛城，蘇我，物部，中臣　など |
| 09 | ヤマト政権により与えられた称号。臣，連，君，直　など |

政治制度

豪族たちには氏や姓に応じた役職が与えられ，さらに

<u>部民</u>とよばれる職能集団がヤマト政権に仕えた。
┗ 名代・子代（大王家に奉仕），品部（土器製作などの職能集団）など。

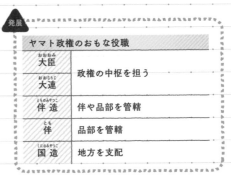

ヤマト政権のおもな役職

大臣	
大連	政権の中枢を担う
伴造	伴や品部を管轄
伴	品部を管轄
国造	地方を支配

地方支配

豪族の私有地である田荘の他に，ヤマト政権の直轄地であ

る屯倉が各地に存在した。

●ヤマト政権による地方支配の例

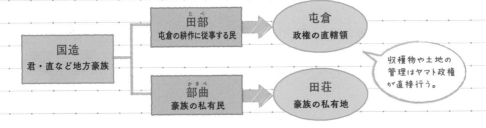

収穫物や土地の
管理はヤマト政権
が直接行う。

●地方豪族の反乱：東北地方の蝦夷や九州南部の熊襲は当初服従しなかった。また，筑紫国造磐井は，

ヤマト政権に従属しながら6世紀はじめに新羅と結んで大規模な反乱をおこした。

朝鮮半島との関わり

朝鮮半島から日本に渡ってきた <u>10</u> たちにより，さまざまな文化が伝えられた。

● <u>11</u> ：6世紀に百済の五経博士によって伝えられた。

●仏教：**6世紀半ば，**欽明天皇の時期に百済の <u>01</u> から伝えられた。
┗『上宮聖徳法王帝説』では538年，『日本書紀』では552年とされる。

●その他：鉄器・須恵器の生産，機織りなどの先進技術が伝えられ，ヤマト政権は彼らを韓鍛冶部・

陶部・錦織部などの品部に組織した。

No.
Date

日本史探究
ADVANCED JAPANESE HISTORY

THE LOOSE-LEAF STUDY GUIDE
FOR HIGH SCHOOL STUDENTS

THEME 原始・古代 **飛鳥の朝廷**

この時代のおもなできごと

天皇	年代	おもなできごと
欽明	☐ 562	新羅が加耶を滅ぼす
敏達		
用明	☐ 587	蘇我馬子が物部守屋を滅ぼす
崇峻	☐ 592	崇峻天皇が蘇我馬子に暗殺される ➡ 推古天皇が新たに即位
推古	☐ 603	01＿＿＿＿＿＿ により，冠位十二階が制定される
	☐ 604	01＿＿＿＿＿＿ により，憲法十七条が制定される
	☐ 607	遣隋使として 02＿＿＿＿＿＿ が派遣される
舒明	☐ 630	最初の遣唐使として 03＿＿＿＿＿＿ が派遣される

6世紀の東アジア

●朝鮮半島：半島北部の 04＿＿＿＿＿＿ が勢力をひろげ，百済や新羅

　　　　　を圧迫➡百済や新羅は半島南部に勢力をのばし，

　　　　　新羅が加耶を滅ぼした。対朝鮮政策の失敗で日本の大

　　　　　伴金村は失脚した。

●中国：589年に 05＿＿＿＿＿ が中国を統一し，高句麗など周辺に進出。

　　　➡東アジアは緊張状態となった。

●日本：仏教の受容をめぐって，崇仏派の蘇我馬子（大臣）が排仏

　　　派の物部守屋（大連）を滅ぼし，権力をにぎった。

6世紀ごろの朝鮮半島

― 532年ごろの国界
▨ 512・513年百済が支配
▨ 551年百済の回復地
▨ 552年ごろの新羅領域

高句麗

百済

新羅

加耶

推古朝の政治

崇峻天皇が蘇我馬子に暗殺されると，推古天皇が女帝として即位した。

国内政治

推古天皇の叔父の蘇我馬子と，甥の 01＿＿＿＿＿＿ が政治を主導。

➡天皇中心の国家づくりをめざす。

●法律の編纂：仏教の思想を政治に取り入れ，政治改革を行った。

冠位十二階	家柄ではなく，個人の才能や功績によって冠位を与えた
（603年）	└➤ただし，大臣などは冠位の対象外で，蘇我氏など強い勢力をもった豪族の地位は変わらず。
憲法十七条	17条の決まりを定め，豪族たちに国家の官僚としての自覚を求めた
（604年）	仏教を新しい政治理念として浸透させようとした

●国史の編纂：『天皇記』・『国記』の編纂を行った。

厩戸王

外交

● 遣隋使：隋は 589 年に中国を統一。➡「隋書」倭国伝によると，倭は 607 年に 02 _____ らを遣隋使として派遣したが，その国書が皇帝煬帝に無礼とされた。翌年には隋から裴世清が答礼使として日本に派遣された。

● 遣唐使：618 年に隋が滅び，唐がおこる。➡ 630 年に 03 _____ らが最初の遣唐使として遣わされた。

飛鳥文化

● 特徴：6 世紀末から 7 世紀前半の文化で，日本で初めての仏教文化。

● 仏像の様式：中国の様式の影響を受けている。整った厳しい表情の 06 _____ 様式と，やわらかい表情の 07 _____ 様式に分かれる。

● 朝鮮半島からの文化の流入：百済の僧 08 _____ が暦法，高句麗の僧 09 _____ が彩色・紙・墨の技法を伝えた。

おもな文化財

寺院	飛鳥寺（法興寺）	
	10 _____（斑鳩寺）	厩戸王（聖徳太子）が創建したとされる寺院。世界遺産。
	四天王寺	

仏像	金銅像	飛鳥寺釈迦如来像	北魏様式，鞍作鳥の作。
		法隆寺金堂釈迦三尊像	
	木像	法隆寺夢殿救世観音像	南朝様式。
		法隆寺百済観音像	
		中宮寺半跏思惟像	
		広隆寺半跏思惟像	

工芸品	法隆寺玉虫厨子	宮殿部の透し彫りの金具の下に玉虫の羽を使った飾りがある。
	中宮寺天寿国繍帳	

飛鳥寺釈迦如来像　法隆寺金堂釈迦三尊像

広隆寺半跏思惟像

No.

Date

日本史探究
ADVANCED JAPANESE HISTORY

THE LOOSE-LEAF STUDY GUIDE
FOR HIGH SCHOOL STUDENTS

THEME 原始・古代 律令国家の形成

この時代のおもなできごと

天皇	年代	おもなできごと	おもな都の移り変わり
舒明	□ 630	最初の遣唐使として犬上御田鍬が派遣される	
皇極	□ 645	乙巳の変がおこり，蘇我蝦夷・入鹿親子が滅ぼされる	
孝徳	□ 646	01 _____ が出され，公地公民制への移行が示される	645 難波宮
斉明			
中大兄※	□ 663	02 _____ の戦いで唐・新羅の連合軍に大敗する	667 近江大津宮
天智	□ 670	最初の戸籍である 03 _____ が作成される	
	□ 672	天智天皇の後継者をめぐり，04 _____ がおこる	
天武	□ 684	豪族の身分制度として 05 _____ が定められる	672 飛鳥浄御原宮
持統	□ 689	飛鳥浄御原令が施行される	
	□ 694	06 _____ に遷都する	694 藤原京

※中大兄皇子は斉明天皇の死後，即位せずに政権を担った（称制）。

孝徳〜天智天皇までの政治

大化の改新

● 乙巳の変：中大兄皇子・中臣鎌足が蘇我蝦夷・入鹿親子を滅ぼした。➡蘇我氏の衰退。

● 01 _____ ：孝徳天皇が発布。➡公地公民制をめざすことを宣言。

● 政治体制の刷新：中臣鎌足を内臣，阿倍内麻呂を左大臣，蘇我倉山田石川麻呂を右大臣とした。遣唐使にともない帰国した高向玄理と旻を国博士とした。

国内政治の転換

● 02 _____ の戦い：百済の遺臣たちの要請で倭は朝鮮半島に出兵したが，唐・新羅の連合軍に大敗。
➡半島への進出を諦め国内支配を強化。

● 防衛政策：唐・新羅の襲来にそなえ沿岸部の防備を強化。

警備体制の強化	大宰府の防衛	沿岸部の防衛
・防人…沿岸の警備にあたる兵士 ・烽…のろしを上げるための設備	大宰府北方の川をせきとめ，水城とよばれる大規模な堤防を築いた。	対馬から大和にかけて，朝鮮式山城が築かれた。 ・大野城（大宰府北方） ・基肄城（大宰府南方）

● 戸籍の制定：天智天皇が最初の戸籍である 03 _____ を作成した。
┗→同時期に最初の令である近江令を定めたという説もある。

天武・持統朝の政策

- ● 04 ：天智天皇の死後におこった，大海人皇子と大友皇子による皇位をめぐる戦い。大海人皇子が勝利して天武天皇として即位した。

天武天皇の政治

- ● 05 ：豪族を天皇中心の身分制度に組み込んだ。
- ● 07 の鋳造：現存する日本最古の貨幣。

持続天皇の政治

- ●飛鳥浄御原令の施行：天武天皇の代に編纂された飛鳥浄御原令を施行。飛鳥浄御原令は，のちに唐の永徽律令を手本にして刑部親王や藤原不比等らによりつくられた大宝律令の基礎となった。日本の国号もこの頃に定められた。
- ●庚寅年籍の作成：民衆の把握が進み，課税を行う体制が整えられた。
- ● 06 遷都：条坊制をもつ本格的な宮都を造営し，遷都した。

天智天皇とその子孫

```
                    天智 ── 伊賀采女
         ┌─────────┤         │
     持統 │         │        大友皇子
         │        天武
   草壁皇子   ┌──┬──┬──┬──┐
         高市皇子 舎人親王 刑部親王 大津皇子
         │    淳仁
       長屋王
```

白鳳文化

- ●特徴：7世紀後半から8世紀初頭の文化で，初唐文化の影響を強く受けている。
- ●唐初期文化の影響：漢詩や儒教が中央官吏や地方豪族の間に教養として広まった。
- ●和歌の発達：漢詩に対して和歌も発達し，額田王や柿本人麻呂などの宮廷歌人が活躍。

おもな文化財

寺院	08	
仏像	金銅像	法隆寺阿弥陀三尊像
		法隆寺夢違観音像
		薬師寺金堂薬師三尊像
		興福寺仏頭
絵画	09 高松塚古墳壁画	

明治時代に入ると，その形状から「凍れる音楽」と評された。

1949年の火災で焼損。この事件がきっかけとなり，その翌年に文化財保護法が制定された。

興福寺仏頭

高松塚古墳壁画

No.

Date

日本史探究
ADVANCED JAPANESE HISTORY

THE LOOSE LEAF STUDY GUIDE
FOR HIGH SCHOOL STUDENTS

THEME 原始・古代 律令国家の支配体制

この時代のおもなできごと

天皇	年代	おもなできごと
持統	□ 694	藤原京に遷都する
文武	□ 701	律令国家の基本法典となる 01　　　　　が完成する
元明	□ 710	平城京に遷都する
元正	□ 718	養老律令が編纂される
聖武		
孝謙	□ 757	養老律令が施行される

律令制下の税制

●税制度とその種類：戸籍を6年ごとに作成し，それをもとに口分田を与えた。また調や庸を課すために計帳が毎年作成された。

租	調	庸	雑徭
口分田1段につき2束2把（収穫の約3%）の稲を納める。	郷土の特産品を納める。	都での労役のかわりに布2丈6尺を納める。	国司のもとで60日以下の歳役。

	租	調	庸	雑徭
正丁（21～60歳の男性）	1	1	1	1
次丁（61～65歳の男性）	1	1/2	1/2	1/2
中男（17～20歳の男性）	1	1/4	なし	1/4
女性	1	なし	なし	なし

> 畿内の人びとは庸を免除された。

※正丁の課役負担を基準の1としたときの割合。

●その他の税
・運脚…調や庸を都に運ぶ。
・兵役…正丁を各国の軍団や防人として徴発。
・出挙…国家が稲を貸し付け，収穫時に利息とともに徴収。
●課税の対象：民衆は一般民衆の良民と，官有の賤民の陵戸・官戸・公奴婢，豪族などが私有する賤民の家人・私奴婢に分かれていた（五色の賤）。

家人・私奴婢は口分田の面積も狭かった。

支給された口分田の面積

	男性	女性
良民	720歩（＝2段）	480歩（＝1段120歩）
陵戸・官戸・公奴婢	720歩（＝2段）	480歩（＝1段120歩）
家人・私奴婢	240歩	160歩

律令国家の支配体制

中央　二官（02 ＿＿＿＿　・　03 ＿＿＿＿）と八省に政治権力が集中。

〈中央〉

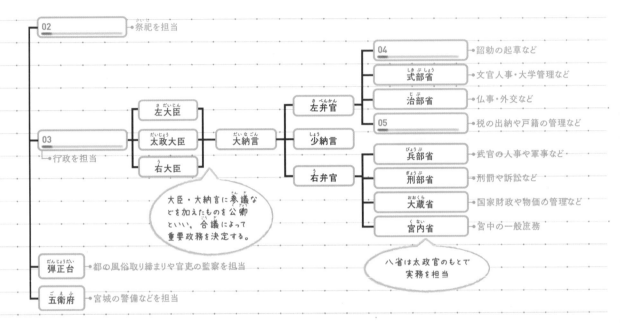

- 02 ＿＿＿＿　…祭祀を担当
- 04 ＿＿＿＿　…詔勅の起草など
- 式部省　…文官人事・大学管理など
- 治部省　…仏事・外交など
- 05 ＿＿＿＿　…税の出納や戸籍の管理など
- 左大臣
- 太政大臣
- 右大臣
- 大納言
- 左弁官
- 少納言
- 右弁官
- 兵部省　…武官の人事や軍事など
- 刑部省　…刑罰や訴訟など
- 大蔵省　…国家財政や物価の管理など
- 宮内省　…宮中の一般庶務
- 03 ＿＿＿＿　・行政を担当
- 弾正台　…都の風俗取り締まりや官吏の監察を担当
- 五衛府　…宮城の警備などを担当

（吹き出し）大臣・大納言に参議などを加えたものを公卿といい、合議によって重要政務を決定する。

（吹き出し）八省は太政官のもとで実務を担当

地方　全国を中央の五畿と地方の七道（北陸道・東山道・東海道・山陰道・山陽道・南海道・西海道）に分け，それぞれの国を中央から派遣された 06 ＿＿＿＿ が統治。

〈要地〉
- 摂津職　…海路の拠点である摂津の内政を担当
- 07 ＿＿＿＿　…西海道を統轄。権力が大きく「遠の朝廷」とよばれる

〈諸国〉

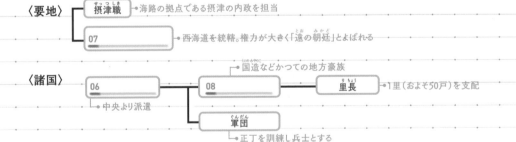

- 06 ＿＿＿＿　…中央より派遣
- 08 ＿＿＿＿　…国造などかつての地方豪族
- 里長　…1里（およそ50戸）を支配
- 軍団　…正丁を訓練し兵士とする

官位制度

- ●官位相当制：官吏には一位から初位まで9段階の位階が与えられ，位階に応じた官職が与えられた。
- ●四等官制：行政官庁の幹部職員を4等級に分け，職務を分担させた。
- ● 09 ＿＿＿＿：三位以上の子と孫，五位以上の子に，親の位に応じた位階を授ける制度。

No.

Date

日本史探究
ADVANCED JAPANESE HISTORY

THE LOOSE-LEAF STUDY GUIDE
FOR HIGH SCHOOL STUDENTS

THEME 原始・古代 8世紀の外交・奈良遷都

この時代のおもなできごと

天皇	年代	おもなできごと
文武 もんむ	□ 701	律令国家の基本法典となる大宝律令が完成する
	□ 708	本朝（皇朝）十二銭の最初の銭貨である 01 ＿＿＿ が鋳造される
	□ 710	02 ＿＿＿ に遷都する ➡ 奈良時代のはじまり
元明 げんめい	□ 711	03 ＿＿＿ が出される └ 蓄えた銭貨を納めた者に，位を与える法令。
	□ 712	出羽国が設置される
元正 げんしょう		
聖武 しょうむ	□ 724	陸奥国に 04 ＿＿＿ が設置される

遣唐使船

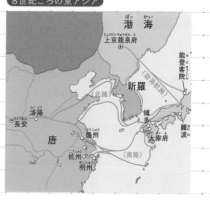

遣唐使と東アジア情勢

●唐：都は世界的な都市の長安（西安）。周辺諸国から朝貢を受ける。

➡日本は約20年に1度，遣唐使を派遣した。冊封を受けず，朝貢を行った。

政権に関与した留学生	
高向玄理 たかむこのげんり 旻 みん	遣隋使に伴い608年に留学。帰国後，孝徳天皇・中大兄皇子政権の国博士となった。
吉備真備 きびのまきび 玄昉 げんぼう	遣唐使に伴い717年に留学。帰国後，聖武天皇・05 ＿＿＿ 政権で重用された。
阿倍仲麻呂 あべのなかまろ	遣唐使に伴い717年に留学。唐の科挙に合格して，玄宗皇帝に仕えて高官となる。帰国できず唐の地で没した。

8世紀ごろの東アジア

●朝鮮半島：白村江の戦いの後，676年に新羅が半島を統一。

一時日本との関係は回復したが，8世紀に入ると関

係が悪化。

➡日本は遣唐使の航路を北路から南路に変更するこ

とになった。

● 06 ＿＿＿ ：中国東北部に住む民族や，新羅に滅ぼされた高句麗の人びとが中心となり，698年に建

国された。日本は727年より使節を派遣し，友好関係を保った。

平城京遷都

元明天皇の代に，藤原京から 02 _____ への遷都が行われた。

- 07 _____：都の東西をはしる道を条，南北をはしる道を
  坊として区画を整理する方式。唐の都長安を
  参考に採用された。

- 区画：天皇の住む平城宮から都を南北に横断する朱雀大路が
  はしり，西側を右京，東側を左京とした。

- 市場：右京と左京に西市・東市が置かれ，市司が監督を行っ
  た。朝廷は貨幣の流通を促進させるため，
  03 _____ を制定した。

- 木簡：左京の平城宮近くにある長屋王邸宅あとから大量の木簡が出土し，役所の文書作成方法や当時
  の税の内容などがわかった。

平城京

> 外京は平城京だけの特徴。藤原京や平安京にはない。

一条北大路（北京極）
一条南大路
二条大路
三条大路
四条大路
五条大路
六条大路
七条大路
八条大路
九条大路（南京極）

西大寺　平城宮　大極殿　正倉院
長屋王邸　東大寺卍・三月堂
右京　外京　興福寺　春日神社
唐招提寺　左京　藤原仲麻呂邸　元興寺
薬師寺卍　京　大安寺　五坊　六坊　七坊　大路　大路　大路　東市

四坊　三坊　二坊　一坊　朱雀　一坊　二坊　三坊　四坊
大路　大路　大路　大路　大路　大路　大路　大路　大路
（西京極）　　　　　　　　　　　　　　（東京極）

地方支配と辺境

> 約16kmごとに駅家を設置して馬を置き，官吏が公用に利用した。

- 交通網の整備：畿内を中心に各地域の国府へ通じる官道が整備され，**駅制**がしかれた。
  各国には，伝路とよばれる国府と郡家などを結ぶ道が整備された。

- 行政官庁：国ごとに国府（国衙）が置かれ行政・経済の中心となった。各郡には郡家（郡衙）が置かれた。

国府と郡家

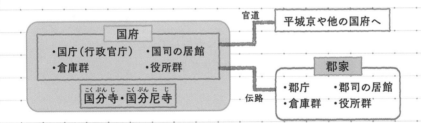

```
                          官道 ──→ 平城京や他の国府へ
      ┌─────────────────┐
      │       国府        │
      │ ・国庁（行政官庁） ・国司の居館 │          ┌──────────┐
      │ ・倉庫群     ・役所群   │          │    郡家    │
      │                 │          │ ・郡庁  ・郡司の居館 │
      │  国分寺・国分尼寺    │          │ ・倉庫群 ・役所群  │
      └─────────────────┘   伝路     └──────────┘
```

辺境の制圧

- 東北：08 _____ とよばれる人々が居住。朝廷は拠点として7世紀に渟足
  柵・磐舟柵を設置した。8世紀には日本海側に出羽国を置き，秋田城
  を築いた。太平洋側にも 04 _____ が築かれた。

- 九州南部：居住民の 09 _____ が服従し，8世紀の初頭に薩摩国や大隅国が
  設置された。

蝦夷と城柵

∧ 城柵

秋田城
733年
雄勝城
759年
出羽柵
708年
磐舟柵
648年
渟足柵
647年
多賀城 724年

No.

Date

日本史探究
ADVANCED JAPANESE HISTORY

THE LOOSE-LEAF STUDY GUIDE
FOR HIGH SCHOOL STUDENTS

THEME 原始・古代 奈良時代の政争

この時代のおもなできごと

天皇	政権担当者	年代	おもなできごと
文武		□ 701	律令国家の基本法典となる大宝律令が完成する
元明	01	□ 710	平城京に遷都する
元正		□ 718	養老律令が編纂される
	02	□ 723	06 で開墾地の私有を期限付きで認める
		□ 729	02 の変
	藤原四子		
聖武		□ 740	藤原広嗣の乱がおこる
		□ 741	07 → 諸国に寺をつくらせる
	03	□ 743	08 で開墾地の私有を認める
			大仏造立の詔が出される
孝謙	04	□ 757	養老律令が施行される
	(恵美押勝)		橘奈良麻呂の変がおこる
淳仁		□ 764	恵美押勝の乱がおこる
称徳	05		
光仁	藤原百川ら		

皇族と藤原氏が交互に政権を担当

藤原氏 皇族

※ ⁄⁄⁄…藤原氏の政権。 ▨…皇族の政権。

文武～元正天皇の時代

● 01 _____：中臣鎌足（藤原鎌足）の次男。

・天皇家との関係強化…娘の宮子を文武天皇に，光明子を聖武天皇に嫁がせた。

・平城京遷都…元明天皇の時代に，平城京への遷都を行った。

・法典の編纂…大宝律令や養老律令の編纂を行った。

● 02 _____：天武天皇の孫。

・百万町歩の開墾計画…農民に食料・道具を支給し開墾を行わせるが失敗。

・06 _____…期限付きで開墾地の私有を認める法令。
　➡期限になると国が土地を収公してしまうため効果が上がらず。

> 発展
>
> 三世一身法で3世代にわたって私有を認められたのは，新たに灌漑施設を設けた場合のみ。既存の灌漑施設を利用して開墾した田地は1世代だけしか私有を認められなかった。

聖武天皇の時代

藤原氏と天皇家

● 02

長屋王の変 長屋王が藤原不比等の子らの策謀によって自殺に追い込まれた。

● 藤原四子：藤原不比等の4人の子。737年に疫病（天然痘）によりあいついで死去した。

藤原武智麻呂	南家の祖。
藤原房前	北家の祖。子孫が摂関政治を実現。
藤原宇合	式家の祖。
藤原麻呂	京家の祖。

● 03 　　　　：皇族出身。唐に留学経験のある吉備真備・玄昉を登用。

藤原広嗣の乱 宇合の子広嗣が吉備真備と玄昉の排除を要求して反乱をおこす。

➡ 政権は動揺し，聖武天皇はたてつづけに遷都を行った。

• 07 　　　　　…741年。諸国に国分寺・国分尼寺をつくらせる。

• 08 　　　　　…743年。開墾した土地の私有を認める。➡寺社や貴族が初期荘園を形成。

• 大仏造立の詔…743年。紫香楽宮で大仏の造立を宣言。

┗→745年に平城京に戻ったため，大仏の造立は平城京で行われた。

聖武天皇の遷都

平城京	→	恭仁京 740年	→	難波宮 744年	→	紫香楽宮 744年

↑745年

孝謙～光仁天皇の時代

● 03

• 孝謙天皇のときに大仏開眼供養が行われた。

● 04 　　　　：藤原武智麻呂の子。淳仁天皇から恵美押勝の名を賜る。

橘奈良麻呂の変 橘諸兄の息子の奈良麻呂が反乱を計画するが，事前に鎮圧された。

● 05 　　　　：退位した孝謙太上天皇の病を治療し寵愛を受ける。

恵美押勝の乱 764年に道鏡の排除を求めて藤原仲麻呂が反乱をおこすが敗死。

➡ 孝謙太上天皇が称徳天皇として重祚すると太政大臣禅師，ついで法王となり仏教政治を展開。

• 宇佐八幡神託事件…05 　　　　の皇位就任の動きがあったが，和気清麻呂が阻止。

● 藤原百川：藤原宇合の子。藤原永手らとともに，天智天皇系の光仁天皇を擁立。

No.
Date

日本史探究
ADVANCED JAPANESE HISTORY

THE LOOSE-LEAF STUDY GUIDE
FOR HIGH SCHOOL STUDENTS

THEME　原始・古代　**天平文化**

天平文化の背景と特徴

奈良時代，中央集権国家の成立を背景に，
聖武天皇の時代を中心に花開いた文化。

担い手	貴族・僧侶
中心地	平城京
特徴	唐の文化的影響を強く受けた
	国際色豊かな文化

天皇	年代	おもなできごと
元明 げんめい	☐ 712	『古事記』の成立
	☐ 713	『風土記』の編纂が命じられる
元正 げんしょう	☐ 720	『日本書紀』の成立
聖武 しょうむ		
孝謙 こうけん	☐ 751	『懐風藻』の成立
淳仁 じゅんにん	☐ 759 以降	『万葉集』の成立
称徳 しょうとく		

国史編纂と文学

● **国史と地誌**：天武天皇のころよりはじまった国史編纂事業がこのころ完成した。

● **文学**：貴族の教養として漢詩文が流行。和歌は皇族から庶民まで親しまれた。

国史	『01　　　　　　』	稗田阿礼が暗記した「帝紀」「旧辞」を太安万侶が筆録したもの。
	『02　　　　　　』	舎人親王らが編纂。年代ごとにできごとを記録する編年体の形式がとられている。六国史（6つの漢文正史）の1つで，他に『続日本紀』，『日本後紀』，『続日本後紀』，『日本文徳天皇実録』，『日本三代実録』がある。
地誌	『03　　　』	元明天皇の命により，各国の地誌が記録される。
漢詩	『04　　　』	日本最古の漢詩集。
和歌	『05　　　』	天皇から庶民まで約4500首の和歌をおさめる。

> 常陸・播磨・出雲・豊後・肥前のものが現存。完全な形で残るものは出雲のみ。

● **教育**：官吏養成のため，中央に06　　　　　，地方に国学が設置された。また，石上宅嗣により図書館である芸亭が設けられた。

宗教

仏教によって国の安定をはかるという鎮護国家思想のもと，仏教は官学として発展した。

● **南都六宗**：三論宗・成実宗・法相宗・倶舎宗・華厳宗・律宗の6つ。奈良に大寺院が建てられ教学の研究が行われた。

● **奈良時代に活躍した僧**：

07	法相宗の僧。民衆の布教や社会事業を行ったため弾圧をうけたが，のちに大僧正に任命され，大仏の造営に協力した。
08	唐の僧。日本への渡航を志すが，5回にわたり失敗したうえ失明。6度目の渡航で日本に到着し，戒律を伝え唐招提寺を建立した。

● 09　　　　　　　：神への信仰と仏への信仰が融合すること。

鑑真像

建築

寺院や宮殿の建築に，中国由来の工法である礎石・瓦を用いた建物がみられる。

寺院	法隆寺夢殿
	東大寺法華堂
	東大寺正倉院宝庫
	唐招提寺金堂

東大寺の正倉（財宝を保管する倉庫）。
聖武天皇の遺品が納められている。

仏像

表情が豊かで写実的な点が特徴。粘土や布を使った仏像がつくられるようになった。

- 10 ＿＿＿＿＿…型のうえに布を巻きつけ，漆で塗り固める。
- 11 ＿＿＿＿＿…木を芯としてその上に粘土を塗り固める。

興福寺阿修羅像

仏像	乾漆像	12 ＿＿＿＿＿
		東大寺法華堂不空羂索観音像
		唐招提寺鑑真像
	塑像	東大寺法華堂日光・月光菩薩像
		東大寺法華堂執金剛神像
		東大寺戒壇堂四天王像

興福寺八部衆像のひとつ
で，三面六臂（顔が3つ
で腕が6本）の像。

絵画・工芸品

正倉院宝庫に納められた西アジアや南アジアなどとの交流を示す品々が，文化の特徴をよくあらわして
いる。

正倉院鳥毛立女屏風

絵画	13 ＿＿＿＿＿
	薬師寺吉祥天像
	過去現在絵因果経
正倉院宝物	正倉院螺鈿紫檀五絃琵琶
	正倉院漆胡瓶
	正倉院白瑠璃碗
	百万塔陀羅尼

唐の美人図の影響を受けた
絵画。

印刷した経典を小型の塔に
納めたもの。経典は年代の
わかっている印刷物では
世界最古。

No.
Date
日本史探究
ADVANCED JAPANESE HISTORY

THE LOOSE-LEAF STUDY GUIDE
FOR HIGH SCHOOL STUDENTS

THEME 原始・古代 **平安遷都・蝦夷征討**

この時代のおもなできごと

天皇	年代	おもなできごと
光仁	□ 780	蝦夷の伊治呰麻呂が反乱をおこす
桓武	□ 784	長岡京に遷都する
	□ 792	東北や九州などを除いて軍団が廃止され，01_____ の制が定められる
	□ 794	02_____ に遷都する
	□ 797 ごろ	国司交替を監督するため，03_____ が設置される
	□ 802	04_____ が胆沢城を築く
平城		
嵯峨	□ 810	蔵人所が設置される
		平城太上天皇の変（薬子の変）がおこる
	□ 816 ごろ	京内の治安維持を担う 05_____ が設置される

桓武天皇の政治

国政改革

● 遷都：仏教勢力が政治に影響を及ぼすようになったため，遷都。

・長岡京…784 年に遷都。主導者の藤原種継暗殺事件をきっかけに，廃都となった。

・ 02_____ …794 年に遷都。以後約 1100 年にわたって天皇が居住した。

> 遷都にあたって山背国の名称が改められ，山城国となった。

【平安京】

北野神社（天満宮）
一条大路 仁和寺
土御門大路
中御門大路 平安宮
広隆寺
二条大路
三条大路 右 左
四条大路 京 京
五条大路
六条大路 西市 2 1 東市
七条大路 西寺 東寺
八条大路
九条大路 綜芸種智院
木辻大路 道祖大路 西大宮大路 朱雀大路 東大宮大路 東洞院大路 西洞院大路 東京極大路
西京極大路
法成寺
白河殿
法勝寺
六波羅蜜寺
清水寺
六波羅
1 東鴻臚館
2 西鴻臚館

● 地方制度の改革：実態とあわない律令制度を立て直すため，政治改革を実行。

兵制の改革	国司の不正防止	税負担の軽減
01_____ の制 …辺境以外の軍団を廃止し，郡司の子弟や有力農民を健児として兵役につかせた。	03_____ の設置 …国司交替の際の事務引き継ぎを審査する役職を創設。	・6 年ごとに行われた班田収授を 12 年ごとにする ・公出挙の利息を 5 割から 3 割に ・雑徭の期間を 60 日から 30 日に

● 徳政相論：805 年に行われた政策論争。軍事（蝦夷征討）と造作（都の造営）の継続をめぐって，藤原緒嗣と菅野真道が意見を戦わせた。桓武天皇は藤原緒嗣の意見を受け入れ，蝦夷征討と都の造営を中止した。

THEME **平安遷都・蝦夷征討**

蝦夷征討

伊治呰麻呂の乱	780 年	蝦夷の豪族が反乱をおこし，一時は多賀城にまで攻め込まれた。
紀古佐美の征討	789 年	征東大使に任命され胆沢地方まで北上するが，蝦夷の族長阿弖流為に敗北。
04 の征討	802 ～ 803 年	征夷大将軍に任命されると阿弖流為を帰順させ胆沢地方を制圧。胆沢城と志波城を築いた。
文室綿麻呂の征討	811 年	嵯峨天皇の時代に征夷将軍となり徳丹城を築いた。蝦夷の制圧はほぼ完了した。

東北地方の城柵

嵯峨天皇の政治

● 平城太上天皇の変：前代の天皇である平城太上天皇が，平城京への遷都を計画するなどして嵯峨天皇と対立した。藤原薬子らとともに反乱をおこそうとするが，鎮圧された。

● 律令政治の立て直し：桓武天皇に引き続き，律令政治の立て直しをはかった。

令外官の設置

・蔵人所…天皇の命令をすみやかに太政官に伝えるための機関。長官である 06　　　は，天皇の側近として重要な官職で，藤原冬嗣らが任命された。

・05　　　　…平安京内の治安維持を担う。

> 令に定められておらず，日本の政治にあわせて新たにつくり出された官職を令外官という。

法典の編纂

律令を補足・修正する格と，施行細則の式を編集し，弘仁格式を完成させた。

　発展

嵯峨天皇の代につくられた弘仁格式，清和天皇の代につくられた貞観格式，醍醐天皇の代につくられた延喜格式をあわせて，三代格式という。

直轄地の設置

大宰府に直営の田である 07　　　　　が設けられた。

No.

Date

日本史探究
ADVANCED JAPANESE HISTORY

THE LOOSE-LEAF STUDY GUIDE
FOR HIGH SCHOOL STUDENTS

THEME 原始・古代 弘仁・貞観文化

弘仁・貞観文化の背景と特徴

平安時代のはじめに，平安京を中心として発達した
文化。

担い手 貴族

中心地 平安京

特徴 唐の影響を受けた文化で，この時期に流
入した密教の影響が強い

天皇	年代	おもなできごと
桓武	□ 797	『続日本紀』の成立
	□ 804	最澄・空海が唐に渡る
平城		
嵯峨	□ 814	『凌雲集』の成立
	□ 818	『文華秀麗集』の成立
淳和	□ 827	『経国集』の成立
仁明	□ 840	『日本後紀』の成立
文徳		
清和	□ 869	『続日本後紀』の成立

文学と教育

●文学：文芸によって国家の隆盛をめざす文章経国の思想が広まった。

国史・史書	『続日本紀』	文武天皇から桓武天皇の代の途中までを記述。奈良時代の記録として重要。
	『日本後紀』	桓武天皇の代の途中から淳和天皇までを記録。
	『類聚国史』	菅原道真が編纂した史書。
漢詩	『凌雲集』	
	『文華秀麗集』	勅撰の漢詩文集。3つをあわせて三大勅撰集という。
	『経国集』	
	『性霊集』	01 □□□□ の詩などを弟子が編纂したもの。
	『文鏡秘府論』	01 □□□□ の漢詩文の評論書。
説話	『日本霊異記』	日本最古の仏教説話集。

●教育：儒教を学ぶ明経道や，中国の歴史・文学を

学ぶ 02 □□□□ が盛んになる。大学に付

属する大学別曹や，民間の教育施設がつく

られた。

	弘文院	和気氏
大学別曹	勧学院	藤原氏
	奨学院	在原氏・皇族
	学館院	橘 氏
綜芸種智院		空海が設立した民間教育施設

宗教

● 03 □□□□ ：仏の呪力を願う加持祈禱などの儀式を行い，現世利益を求める皇族や貴族たちの支持

を集めた。

●真言宗と天台宗： 01 □□□□ と 04 □□□□ が唐に留学した後，それぞれ開いた宗派。

THEME **弘仁・貞観文化**

> 天台宗は円仁・円珍のころに本格的に密教を取り入れた。

真言宗（東密）

開祖…01

拠点…高野山金剛峰寺

　　　教王護国寺（東寺）

主要文献…『三教指帰』

天台宗（台密）

開祖…04

拠点…比叡山延暦寺

主要文献…『顕戒論』

2つに分裂

| 05 | 派 |

開祖…円仁
拠点…比叡山延暦寺
主要文献…『入唐求法巡礼行記』

| 06 | 派 |

開祖…円珍
拠点…園城寺（三井寺）

●神仏習合：8世紀ごろから神道と仏教の融合がすすみ，神宮寺や神前読経が見られるようになった。また，日本古来の山岳信仰に密教などの影響が加わり，07　　　　が生まれた。

建築

山岳に寺院が建てられるようになり，自由に建物を配置した寺院が出現。

| 寺院 | 08　　　金堂 |

└奈良県にある真言宗寺院。

仏像

一木造で，神秘的な表情をもつものが多い。

観心寺如意輪観音像

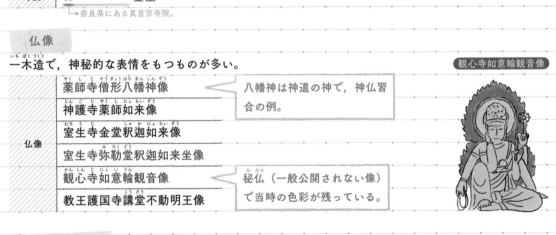

仏像	薬師寺僧形八幡神像	八幡神は神道の神で，神仏習合の例。
	神護寺薬師如来像	
	室生寺金堂釈迦如来像	
	室生寺弥勒堂釈迦如来坐像	
	観心寺如意輪観音像	秘仏（一般公開されない像）で当時の色彩が残っている。
	教王護国寺講堂不動明王像	

絵画・書道

密教の影響をうけ，曼荼羅などの仏教絵画が発展した。また，書道では唐風の書が流行し，空海・橘逸勢・嵯峨天皇が09　　　とよばれ名手とされた。

絵画	神護寺両界曼荼羅	金剛界と胎蔵界の2つの仏教世界を表現した曼荼羅。
	教王護国寺両界曼荼羅	
	園城寺不動明王像	別名黄不動とよばれる仏教画。
書道	風信帖	空海が最澄にあてた手紙。

THEME　原始・古代　摂関政治の確立

この時代のおもなできごと

天皇	政権担当者	年代	おもなできごと	
嵯峨 さが	藤原冬嗣 ふじわらのふゆつぐ	☐ 810	平城太上天皇の変（薬子の変）がおこる へいぜいだいじょうてんのう くすこ	北家の台頭
淳和 じゅんな			藤原冬嗣が 01　　　　　　となる ふじわらのふゆつぐ	
仁明 にんみょう		☐ 842	02　　　　　の変がおこる	
文徳 もんとく	良房 よしふさ			摂関政治の確立期
清和 せいわ		☐ 858	藤原良房が清和天皇の 03　　　　　となる よしふさ	
		☐ 866	04　　　　　の変がおこる	
陽成 ようぜい	基経 もとつね			
光孝 こうこう		☐ 884	藤原基経が光孝天皇の 05　　　　　となる もとつね	
宇多 うだ		☐ 887	阿衡の紛議がおこる あこう ふんぎ	
醍醐 だいご	時平 ときひら	☐ 9世紀末	宮中の警備に滝口の武者がおかれる	延喜・天暦の治 えんぎ てんりゃく
		☐ 901	06　　　　　が大宰府に左遷される だざいふ	
朱雀 すざく	忠平 ただひら	☐ 939	関東と瀬戸内地方で天慶の乱がおこる（～ 941）	
村上 むらかみ				
冷泉 れいぜい	実頼 さねより		07　　　　　の変がおこる	
円融 えんゆう		☐ 969		摂関政治の全盛期
花山 かざん	伊尹ら これただ			
一条 いちじょう		☐ 1000	08　　　　　　　が娘の彰子を一条天皇 しょうし いちじょう の中宮とする	
三条 さんじょう	道長 みちなが			
後一条 ごいちじょう				
後朱雀 ごすざく	頼通 よりみち			
後冷泉 ごれいぜい				

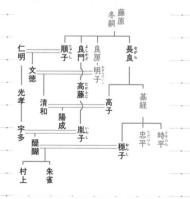

摂関政治

※ ⧄⧄⧄…摂政・関白が置かれていた期間。

藤原氏北家の系図

藤原氏北家の台頭

●藤原冬嗣

• 01　　　　　　　に就任…巨勢野足とともに蔵人所の長官となった。 こせのの たり くろうどどころ
　平城太上天皇の変　式家の藤原薬子や，藤原仲成が排除された。 しきけ くすこ なかなり

●藤原良房：冬嗣の子。

　02　　　　　の変　伴（大伴）健岑，橘逸勢らが謀叛を企てたとして流罪となっ とも おおとも こわみね たちばなのはやなり むほん るざい た。良房の陰謀とされる。

藤原
冬嗣

仁明　順子
文徳　良房-明子 よしふさ
光孝　高藤 たかふじ
清和　高子
宇多　陽成
　　　胤子 いんし
醍醐　穂子 ほし
村上　朱雀
良門 よしかど
長良 なが
基経
忠平 ただひら
時平 ときひら
穏子 おんし

NO.

日本史探究
ADVANCED JAPANESE HISTORY

THE LOOSE-LEAF STUDY GUIDE
FOR HIGH SCHOOL STUDENTS

THEME 摂関政治の確立

摂関政治の確立

● 藤原良房

・娘の明子を文徳天皇の妃とし，孫となる清和天皇の 03　　　　　に就任。

04　　　　　の変　大納言伴善男が応天門に放火し，その罪を左大臣 源 信に負わせようとしたことが発覚。伴善男は流罪となった。

注意

・03　　　　　…幼少の天皇にかわって政治を行う。

・05　　　　　…成人した天皇の補佐。

● 藤原基経：良房の甥。のちに養子となる。

・良房のあとをついて清和・陽成天皇の摂政をつとめた後，
光孝天皇の 05　　　　　となる。

阿衡の紛議　宇多天皇も基経を 05　　　　　に任じたが，任命する際の詔勅に基経が難色を示して詔勅を撤回させた事件。この事件により 05　　　　　の政治的地位が確立した。

● 藤原時平：基経の子。左大臣として政権を運営。

06　　　　　の
左遷　時平の讒言により，大宰府に左遷された。

延喜・天暦の治

醍醐・村上天皇の治世は，摂政・関白が置かれず天皇親政が行われた。

・延喜の荘園整理令（醍醐天皇）
・乾元大宝の鋳造（村上天皇）

● 藤原忠平：朱雀天皇の摂政・関白をつとめた。天慶の乱（平将門の乱・藤原純友の乱）の処理にあたった。

● 藤原実頼：冷泉天皇の時代に関白を復活させた。

07　　　　　の変　左大臣の 源 高明が藤原氏の陰謀によって左遷された事件。
この事件により，藤原氏の摂関家としての地位が完全に確立した。

摂関政治の全盛期

● 藤原北家の権力争い：藤原忠平の孫やひ孫の間で，氏長者をめぐって権力争いが行われた。

● 08　　　　　：自らの娘4人を天皇の后とし，後一条天皇の外祖父として摂政となった。

・藤原実資の日記『小右記』に，道長が自らの権勢を誇った歌が収録されている。
└→「この世をば　わが世とぞ思ふ　望月の　欠けたることも　なしと思へば」

・浄土教を信仰し，法成寺を建立した。

● 09　　　　　：約50年間 03　　　　　・05　　　　　をつとめた。宇治に平等院鳳凰堂を建立した。

No.
Date.
日本史探究
ADVANCED JAPANESE HISTORY
THE LOOSE-LEAF STUDY GUIDE
FOR HIGH SCHOOL STUDENTS

THEME　原始・古代　**国風文化**

国風文化の背景と特徴

10世紀から11世紀にかけて，平安京を中心として発達した文化。

（担い手）貴族

（中心地）平安京

（特徴）遣唐使の停止により，唐の文化的影響を受けながらも日本の風土にあった文化が生まれた

天皇	年代	おもなできごと
陽成（ようぜい）	□ 879	『日本文徳天皇実録（にほんもんとくてんのうじつろく）』の成立
光孝（こうこう）		
宇多（うだ）		
醍醐（だいご）	□ 901	『日本三代実録（にほんさんだいじつろく）』の成立
	□ 905	『古今和歌集（こきんわかしゅう）』の成立
朱雀（すざく）	□ 935 ごろ	『土佐日記（とさにっき）』の成立
村上（むらかみ）		
冷泉（れいぜい）		
円融（えんゆう）		
花山（かざん）		
一条（いちじょう）	□ 1010 ごろ	『源氏物語（げんじものがたり）』の成立
三条（さんじょう）	□ 1013 ごろ	『和漢朗詠集（わかんろうえいしゅう）』の成立
後一条（ごいちじょう）		

文学

● かな文字：9世紀ごろから使用されはじめた平（ひら）がなや片（かた）かなが11世紀ごろまでに普及。感情や感覚を表現しやすくなった。

国史・史書	『日本文徳天皇実録』	文徳天皇の時代のできごとを記録。
	『日本三代実録』	清和・陽成・光孝天皇の時代のできごとを記録。
日記・随筆	『01　　　　　　』	紀貫之の著。平がなによる文学の先駆。
	『蜻蛉日記（かげろうにっき）』	藤原道綱の母（ふじわらのみちつなのはは）の著。自叙伝風の日記。
	『枕草子（まくらのそうし）』	清少納言（せいしょうなごん）の随筆。
	『御堂関白記（みどうかんぱくき）』	藤原道長（みちなが）の日記。
	『小右記（しょうゆうき）』	藤原実資（さねすけ）の日記。
物語	『02　　　　　　』	作者不詳。物語文学の先駆とされる。
	『伊勢物語（いせものがたり）』	作者不詳。在原業平（ありわらのなりひら）を主人公とする歌物語。
	『03　　　　　　』	紫式部（むらさきしきぶ）の著。当時の貴族生活を描写。
和歌	『04　　　　　　』	最初の勅撰和歌集（ちょくせんわかしゅう）。
	『和漢朗詠集』	朗詠（声を出して歌うこと）に適した漢詩文や和歌を集めたもの。

宗教

┌→ 1052年より，釈迦（しゃか）の教えが消え，世界が滅びに向かう末法（まっぽう）の世がはじまると信じられていた。

● 浄土教（じょうどきょう）：来世で極楽浄土（ごくらくじょうど）に生まれ変わることを願う教え。空也（くうや）の布教や，源信（げんしん）（恵心僧都（えしんそうず））が著した 05　　　　　　　　　によって幅広い階層の信仰を集めた。

● 06　　　　　　　：日本古来の神は，仏が姿を変えて現れたものだとする説。

● 御霊信仰（ごりょうしんこう）：早良親王（さわらしんのう）や菅原道真（すがわらのみちざね）など，非業（ひごう）の死を遂げた人物を祀（まつ）る信仰。

空也像

NO. 日本史探究
ADVANCED JAPANESE HISTORY

THE LOOSE-LEAF STUDY GUIDE
FOR HIGH SCHOOL STUDENTS

THEME 国風文化

建築

白木造・檜皮葺を特徴とする 07 _____ が貴族の邸宅の様式に用いられた。寺院では，浄土教の影響で阿弥陀堂建築があらわれた。

寺院	法成寺	藤原道長の建立した寺院。鎌倉時代末期に廃絶し現存せず。
	08 _____	藤原頼通が宇治に建立した寺院。阿弥陀堂をもつ。

彫刻

09 _____ が寄木造の技法を確立し，仏像の大量生産を可能にした。

仏像	平等院鳳凰堂阿弥陀如来像	09 _____ 作となる寄木造の阿弥陀如来像。
金属彫刻	藤原道長埋納経筒	藤原道長が極楽往生を願って埋めた経典の筒。

絵画・書道

絵画では巨勢金岡らにより大和絵が描かれた。また，浄土教の流行により来迎図が盛んに描かれた。書道では和風の書道が流行し，小野道風・藤原行成・藤原佐理が 10 _____ とよばれ名手とされた。

絵画	高野山聖衆来迎図	往生に際し，阿弥陀仏が迎えに来るようすを描いたもの。

貴族の生活

●貴族の習慣：10 〜 15 歳くらいで男性は元服，女性は裳着の式をあげ成人として扱われた。

・11 _____ …日本古来の風習などの行事。神事として大祓や賀茂祭，仏事として灌仏，遊興として七夕や相撲，政務として除目などがあった。

儀式書	『西宮記』	源 高明の著。
	『北山抄』	藤原公任の著。

●平安時代の服装：

束帯	貴族男性の正装。
衣冠	束帯を簡略化したもので，こちらも正装とされた。
女房装束（十二単）	貴族女性の正装。
水干	庶民の服。

束帯　　女房装束　　水干

No.

Date

日本史探究
ADVANCED JAPANESE HISTORY

THE LOOSE-LEAF STUDY GUIDE
FOR HIGH SCHOOL STUDENTS

THEME 原始・古代 国際関係の変化と律令制のゆきづまり

この時代のおもなできごと

天皇	年代	おもなできごと
宇多	☐ 894	01 　　　　　が遣唐使の停止を進言する
醍醐	☐ 902	02 　　　　　の荘園整理令が出される
	☐ 907	唐が滅亡する ➡ 五代十国の諸王朝が興亡
	☐ 914	三善清行が意見封事十二箇条を天皇に提出し，地方の荒廃を訴える
	☐ 918	03 　　　　　が建国される ➡ のちに朝鮮半島を統一
	☐ 926	渤海が滅亡する
⋮		
村上	☐ 960	04 　　　　　が中国でおこる
⋮		
後一条	☐ 1019	大陸沿岸の女真人らが北九州を襲撃（刀伊の入寇）

国際関係の変化

● 中国：

・遣唐使の停止…9世紀に入ると唐は衰退。

➡ 01 　　　　　　　が遣唐使の停止を進言。

・唐の滅亡…907年に唐が滅亡。

➡中国は五代十国の諸王朝が興亡した。

・960年に 04 　　　　　が建国され，のちに中国を統一。

➡日本は正式な国交を結ばなかったが，私的な貿易は行われた。

● 朝鮮：

・新羅の滅亡…918年におこった 03 　　　　　が新羅を滅ぼし半島を統一。

➡日本は国交を拒んだが，私的な貿易は行われた。

● 中国東北部：

・渤海の滅亡…中国東北部の契丹（遼）に圧迫され，渤海は滅亡した。

・刀伊の入寇…契丹の支配地域に住む女真人が九州北部を襲撃したが，大宰権帥の藤原隆家らによって撃退された。

10〜11世紀ごろの東アジア

契丹（遼）

高麗

開城

平安京

東京開封府（開封）

博多

宋（北宋）

NO.

日本史探究
ADVANCED JAPANESE HISTORY

THE LOOSE-LEAF STUDY GUIDE
FOR HIGH SCHOOL STUDENTS

THEME 国際関係の変化と律令制のゆきづまり

律令制のゆきづまり

→年齢や性別を偽って戸籍に登録し、税の負担を軽くする行為。

10世紀のはじめごろになると，浮浪・逃亡や偽籍が横行するなど公地公民制がゆきづまる。

● 朝廷の対策：

・直営田の設置…大宰府に公営田，畿内に官田を設置。天皇も勅旨田とよばれる田地を所有。

・ 02 [　　　] の荘園整理令…醍醐天皇が違法な荘園を整理。

● 田堵：耕作を請け負う有力農民。徴税など
の大きな権限を得た国司（受領）は，
田堵に耕作させた。田堵は徴税請負
人として負名ともよばれた。

国司（受領）

名
国衙の土地。
課税の対象となる

官物（租・調・庸・公出挙に相当）
臨時雑役（雑徭に相当）

田堵（負名）
→有力農民…土地の耕作を請け負う。

耕作

➡人ではなく土地に課税する傾向が
強まる。

● 国司の利権化：国司の最上席者は受領とよばれ，経済的な特権を得た。

05 [　　]	私財を朝廷に差し出すことで国司に任命してもらう。
06 [　　]	05 [　　] によって国司に再任してもらう。
07 [　　]	任国に赴かず，目代を派遣して在庁官人たちの指揮をとらせる。

・尾張国郡司百姓等解…受領藤原元命の暴政を，郡司や有力農民たちが朝廷に訴えた文書。

寄進地系荘園の成立

→有力農民や地方に土着した国司の子孫が，
周囲の農民らを使役するようになったもの。

● 荘園の寄進：開発領主が開墾した土地の徴税を
逃れるため，中央の貴族や寺社に荘園を寄進し，
自らは預所や下司などの荘官となる。
➡寄進地系荘園の発生。

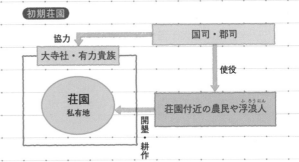

初期荘園

国司・郡司

協力

大寺社・有力貴族

荘園
私有地

使役

荘園付近の農民や浮浪人

開墾・耕作

● 寄進地系荘園の特権：

| 08 [　　] の権 | 官物や臨時雑役を免除される権利。 |
| 09 [　　] の権 | 課税の調査のために派遣されてきた検田使などの立ち入りを拒む権利。 |

▲発展

・官省符荘…太政官や民部省によって税を免
除された荘園。

・国免荘…国司によって税を免除された荘園。

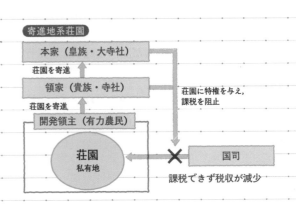

寄進地系荘園

本家（皇族・大寺社）

荘園を寄進

領家（貴族・寺社）

荘園を寄進

開発領主（有力農民）

荘園に特権を与え，
課税を阻止

荘園
私有地

×

国司

課税できず税収が減少

No.
Date.
日本史探究
ADVANCED JAPANESE HISTORY

THE LOOSE-LEAF STUDY GUIDE
FOR HIGH SCHOOL STUDENTS

THEME 原始・古代 **武士の台頭**

この時代のおもなできごと

天皇	年代	おもなできごと
宇多（うだ）	□ 9世紀末	宮中の警護に 01 _____ がおかれる
：朱雀（すざく）	□ 939	関東と瀬戸内地方で 02 _____ の乱がおこる（～ 941）
：後一条（ごいちじょう）	□ 1019	大陸沿岸の女真人らが北九州を襲撃（刀伊（とい）の入寇（にゅうこう））
	□ 1028	関東地方で 03 _____ の乱がおこる
後朱雀（ごすざく）		
後冷泉（ごれいぜい）	□ 1051	東北地方の豪族の反乱をきっかけに 04 _____ がおこる（～ 1062）
後三条（ごさんじょう）		
白河（しらかわ）	□ 1083	東北地方の豪族の家督争いをきっかけに 05 _____ がおこる（～ 1087）

武士の台頭

武士の出現　地方の有力者が武装して武士（兵（つわもの））となり，土着した国司の子孫らが武士団（ぶしだん）を形成。

```
中央から派遣され
土着した中・下級貴族（どちゃく）

郡司（ぐんじ）などの地方豪族     →  武装して        →（闘争を繰り返す）→  国司の子孫などを中心
                              武士（兵）となる                        とする武士団を形成
田堵（たと）などの有力農民
```

・武士団の構造…主人（惣領（そうりょう））を中心に，一族であ
　　る家子（いえのこ）や，血縁関係のない家来で
　　ある郎等（ろうとう），および下人・所従（げにんしょじゅう）によっ
　　て構成されていた。血縁関係を重
　　視する構造だった。

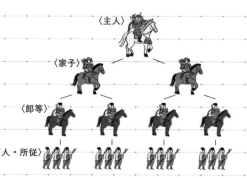

〈主人〉
〈家子〉
〈郎等〉
〈下人・所従〉

武士の登用　朝廷は武士の武力に注目し，武士に官職を与え登用した。

中央 01
　…宇多天皇が設置。武
　芸に優れたものを宮中
　の警護につかせる。

地方
・押領使（おうりょうし）…諸国の盗賊の討伐や反乱の鎮圧のため置かれた
　　令外官（りょうげのかん）。国内の有力武士を任命。
・追捕使（ついぶし）…職務内容は押領使とほぼ同様。
　　02 _____ の乱後に設置された。

源氏と平氏

10世紀から12世紀にかけて，源氏と平氏が武士団をまとめあげ，兵の家として勢力をのばした。

源氏
- 06 　　　　天皇を先祖にもち，源経基を祖とする
- 源満仲は，969年の安和の変で源高明を密告し摂関家に接近した
- 源頼光・頼信兄弟の時代には，摂関家の保護をうけ勢力をのばした

平氏
- 07 　　　　天皇を先祖にもち，平高望（高望王）や平貞盛を祖とする
- 平高望が上総介として赴任し土着。以後，関東地方を中心に勢力を伸ばした

源氏の系図　　　　　　平氏の系図

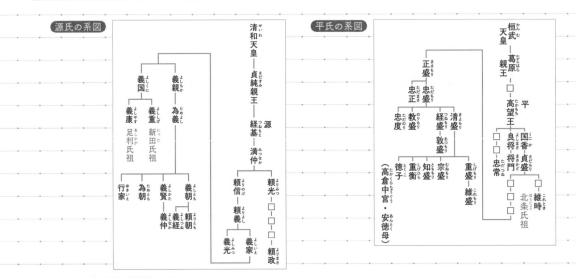

武士の反乱・戦い

02 　　　の乱	939～941年	平将門の乱	平将門が常陸・上野・下野の国府を攻略し新皇を名乗ったが，平貞盛・藤原秀郷らに討たれた。
		藤原純友の乱	伊予掾として赴任した藤原純友が瀬戸内海の海賊を率いて大宰府を焼き打ちしたが，源経基らに討たれた。
03 　　　の乱	1028年		03 　　　　が反乱をおこし房総半島を占拠したが，朝廷から派遣された源頼信に降伏。源氏の関東進出のきっかけとなった。
04	1051～1062年		陸奥の豪族 08 　　　　が国司に反乱をおこしたが，源頼義・義家親子が鎮圧した。源氏の東国での勢力確立のはじまり。
05	1083～1087年		陸奥，出羽の豪族清原氏の家督争いに，源義家が介入。藤原（清原）清衡をたすけ内紛をしずめた。以後，源氏が武家の棟梁の地位を確立。

THEME 中世 院政の開始

この時代のおもなできごと

天皇	院政	年代	おもなできごと
後冷泉		☐ 1051	前九年合戦がおこる（〜 1062）
後三条		☐ 1069	01 _____ の荘園整理令が出される
白河		☐ 1083	後三年合戦がおこる（〜 1087）
堀河		☐ 1086	白河上皇による 02 _____ がはじまる
鳥羽	白河		
崇徳	鳥羽		
近衛			
後白河		☐ 1156	天皇と上皇の争いから保元の乱がおこる
二条	後白河	☐ 1159	院近臣間の対立から平治の乱がおこる
六条			
高倉		☐ 1177	鹿ケ谷の陰謀がおこり，後白河法皇の近臣が処罰される
安徳	後白河	☐ 1185	壇の浦の戦いで平氏が滅亡する
後鳥羽		☐ 1192	源 頼朝が征夷大将軍に就任する

院政期

後三条天皇の政策

藤原氏北家を外戚にもたない天皇。摂政や関白を置かず天皇親政を行う。

● 01 _____ の荘園整理令：後三条天皇は荘園が公領（国衙領）を圧迫しているとして，荘園整理を
実施。➡荘園と公領の区別が明確になる。

・ 03 _____ 制…

国の中に荘園と公領が並立している状
態。公領において国司は開発領主などを
土地の管理者（郡司・郷司・保司）に任
命して税の徴収を行わせた。

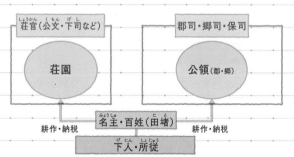

荘官（公文・下司など）

郡司・郷司・保司

荘園

公領（郡・郷）

耕作・納税　名主・百姓（田堵）　耕作・納税

下人・所従

・税の変化…官物と臨時雑役が年貢・公事・夫役に変化した。

	律令制	摂関政治期	院政期
	租		年貢
	調	官物	公事
	庸		
● 04 _____ の制定：度量衡統一のため桝の規格を統一した。	雑徭	臨時雑役	公事・夫役

院政の開始

白河天皇は堀河天皇に皇位を譲ったあとも政治の実権を掌握し続ける 02 ＿＿＿＿＿＿ をはじめた。

●院の権力掌握：上皇に付属する院庁が置かれ，院司とよばれる職員が文

書の発給などを行った。

・ 05 ＿＿＿＿＿…院庁の発給する文書。院の所領などについて扱った。

・ 06 ＿＿＿＿＿…上皇の意向を，院司が自分名義で発行した文書。

・ 07 ＿＿＿＿＿ の設置…院の警護のため御所の北に置かれた武士。

➡前九年合戦や後三年合戦などもあり，武士の力に注目して登用。

●院近臣の台頭：受領層などの中下級貴族を院司に取り立て，上皇の后妃・乳母の一族とともに院近

臣とよばれる一団を形成した。

●院の財政基盤

・ 08 ＿＿＿＿＿ の制度…

院や朝廷が人事権を含む一国の支配権を上級貴族に与

える制度。朝廷からの俸禄はなくなり，国は実質的に

知行国主が経営するものとなった。

・院分国の制度…

上皇自身が知行国主となり，国の収益を得る制度。

・荘園の寄進…上皇が近親の女性や寺社に荘園を寄進。

➡これらの荘園がのちに天皇や上皇に譲られ，

皇族の財政基盤となった。

└➡鎌倉時代に大覚寺統の財政基盤となった八条院領，
持明院統の財政基盤となった長講堂領など。

```
院・朝廷（のちに平氏）
        │ 任命
     知行国主 ◄──────────────┐
        │ 子弟や近親者を任命    │ 公領から徴収した税を上納
      国守                    │
   遙任により現地には赴任せず    │
   派遣                        │
      目代                    │
   国守の統治を代行            │
        │                    │
     在庁官人 ────────────────┘
   目代のもとで公領を支配
```

院政期の社会

私的な土地所有が広まり，社会を実力で動かそうとす

る風潮が強まった。

●09 ＿＿＿＿＿：

南都・北嶺など京都周辺の大寺院が僧兵を使い，

土地に関する要求などを無理やり通そうとした。

●奥州藤原氏の繁栄：後三年合戦の後，藤原（清原）

清衡を祖とする奥州藤原氏が陸奥の 10 ＿＿＿＿＿ を

本拠地として，次の基衡，秀衡の3代にわたり栄えた。

	寺院	僧兵	強訴に用いたもの
南都	興福寺（奈良）	奈良法師	春日大社の神木の榊
北嶺	延暦寺（滋賀）	山法師	日吉神社の神輿

> 神罰を恐れる貴族たちは，神木や神輿などを持ち出す僧兵に手を出せなかった。

No.

Date

日本史探究
ADVANCED JAPANESE HISTORY

THE LOOSE-LEAF STUDY GUIDE
FOR HIGH SCHOOL STUDENTS

THEME 中世 平氏政権

この時代のおもなできごと

天皇	院政	年代	おもなできごと
堀河		□ 1086	白河上皇による院政がはじまる
鳥羽	白河		
崇徳			
	鳥羽		
近衛			
後白河		□ 1156	天皇と上皇の争いから 01_____ がおこる
二条		□ 1159	院近臣間の対立から 02_____ がおこる
六条	後白河	□ 1167	平清盛が 03_____ となる
高倉		□ 1177	鹿ケ谷の陰謀がおこり，後白河法皇の近臣が処罰される
安徳	後白河	□ 1185	壇の浦の戦いで平氏が滅亡する
後鳥羽		□ 1192	源 頼朝が征夷大将軍となる

平氏政権 ⬇

保元の乱・平治の乱

● 01 _____：鳥羽法皇が死去すると，天皇家や摂関家（藤原氏）の間で権力の座をめぐる争いが
おきた。戦いには源氏・平氏の武士団が動員された。

平清盛

	勝利	関係	敗北
天皇家	後白河天皇	弟と兄	崇徳上皇
摂関家	藤原忠通（関白）	兄と弟	藤原頼長（左大臣）
平氏	平清盛	甥と叔父	平忠正
源氏	源義朝	子と父	源為義

● 02 _____：後白河上皇の院近臣間での対立が，武士を巻き込んだ抗争に発展。
→藤原通憲は信頼らの軍勢に襲撃され自害したが，平氏は軍勢を迎え撃ち最終的に
勝利した。

	勝利	敗北
院近臣（藤原氏）	藤原通憲（信西）	藤原信頼
武士	平氏	源氏
	平清盛	源義朝
	平重盛	源義平
	平頼盛	源頼朝→伊豆へ配流

> 藤原通憲は南家。信頼
> は道長との権力争いに敗
> れた北家の隆家の子孫。
> ともに摂政や関白からは
> 遠い血筋だった。

平氏政権

平治の乱で権力を強めた平氏が台頭した。

『平家物語』に平氏の繁栄のようすが描写されている。

- ●摂関家と似た側面：天皇の外戚となり，高位高官を独占した。
  - ・平清盛…武士として初めて 03 ＿＿＿＿＿ となった。娘徳子（建礼門院）を高倉天皇に入内させ，安徳天皇の外祖父となった。
- ●知行国主の側面：全盛期には全国の約半分の国を知行国とし，500 余か所の荘園をもつ。
- ●日宋貿易：摂津の 04 ＿＿＿＿＿ を整備して，日宋貿易を盛んに行い，財政基盤とした。

平氏の系図

```
            正盛
         ┌───┴───┐
        忠正     忠盛
              ┌───┼───┐
             忠度  教盛  経盛  清盛
                        敦盛
  ┌──────┬────┬────┬────┬──────┐
（高倉中宮・安徳母）徳子 重衡 知盛 宗盛 重盛 維盛
```

院政期の文化

文学

説話集や歴史物語の傑作が誕生し，武士の台頭によって軍記物語が書かれるようになった。また，民間歌謡である今様が貴族の間でも流行した。

説話集	『05 ＿＿＿＿』	日本だけでなく，中国やインドの説話も集成した説話集。
歴史物語	『06 ＿＿＿＿』 『今鏡』	老人が当時のできごとを回想する形式で書かれた歴史物語。
軍記物語	『将門記』	平将門の乱を描く。
	『07 ＿＿＿＿』	前九年合戦を描く。
歌謡集	『08 ＿＿＿＿』	後白河法皇が流行歌謡の今様を集成。

建築

浄土教が地方にも広まり，各地に阿弥陀堂が建立された。

寺院	09 ＿＿＿＿	奥州藤原氏が平泉（岩手県）に建てた阿弥陀堂。
	富貴寺大堂	九州豊後（大分県）に建てられた阿弥陀堂。
	白水阿弥陀堂	陸奥（福島県）に建てられた阿弥陀堂。

絵画

絵と詞書でストーリーを描写する絵巻物が，大和絵の手法を取り入れて発展した。

絵巻物	源氏物語絵巻	源氏物語の一部を絵と詞書で描写。
	伴大納言絵巻	応天門の変を描写した絵巻物。
	10 ＿＿＿＿	当時の社会を擬人化した動物によってユーモラスに描く。
	信貴山縁起絵巻	僧侶の霊験譚を庶民の生活のようすを交え描写。
大和絵	扇面古写経	大和絵で京都市中のようすを描く。

No.
Date
日本史探究
ADVANCED JAPANESE HISTORY

TIIC LOOSE-1 FAF STUDY GUIDE
FOR HIGH SCHOOL STUDENTS

THEME 中世 **鎌倉幕府の成立**

この時代のおもなできごと

天皇	院政	年代	おもなできごと
高倉	後白河	□ 1177	鹿ケ谷の陰謀がおこり，後白河法皇の近臣が処罰される
		□ 1180	以仁王・源頼政が挙兵する
			平氏が 01 ＿＿＿＿＿ に遷都を行う
			源頼朝・源義仲が挙兵する
			富士川の戦いで平氏軍が敗走
			源頼朝が 02 ＿＿＿＿＿ を設置する
			平重衡による南都焼打ち
安徳		□ 1181	平清盛が死去する
		□ 1183	源義仲が倶利伽羅峠の戦いで平氏を破る
			平氏が都から離れる（平氏の都落ち）
	後白河	□ 1184	一の谷の戦いで，平氏は屋島に敗走
			源頼朝が 03 ＿＿＿・04 ＿＿＿＿＿ を設置する
		□ 1185	屋島の戦いで源義経が平氏を破る
			05 ＿＿＿＿＿ で平氏が滅亡する
			源頼朝が全国に 06 ＿＿＿ と 07 ＿＿＿＿ を設置する
後鳥羽		□ 1189	源頼朝が奥州藤原氏を滅ぼす
		□ 1192	源頼朝が 08 ＿＿＿＿＿ となる

源平の争乱（治承・寿永の乱）

後白河法皇の皇子以仁王が平氏追討の令旨を出し，これに平治の乱で敗れた源氏が呼応して約5年にわたる戦いがおこった。これを源平の争乱（治承・寿永の乱）という。

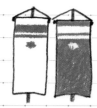

年代	平氏の動向	皇族・源氏の動向
1177年	鹿ケ谷の陰謀➡後白河法皇を幽閉し院政停止	以仁王が平氏追討の令旨を出し挙兵➡敗死
1180年	大輪田泊に近い 01 ＿＿＿ に遷都	
	平重衡による南都焼打ち	源頼朝・源義仲の挙兵
1181年	平清盛死去・養和の飢饉	
1183年		源義仲が倶利伽羅峠の戦いで平氏を破る
1184年	平氏の都落ち	源頼朝が弟の源範頼・義経らに命じ平氏を追討
1185年	05 ＿＿＿＿＿ で平氏が滅亡	

鎌倉幕府の成立

源 頼朝は挙兵した直後に鎌倉に入り，この地に幕府をひらいた。

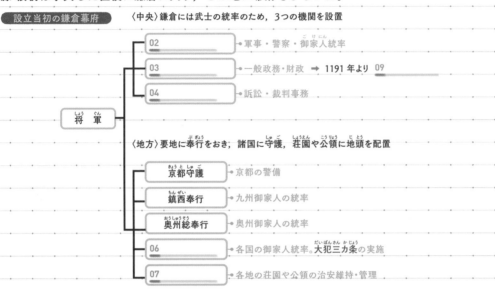

設立当初の鎌倉幕府 〈中央〉鎌倉には武士の統率のため，3つの機関を設置

- **将軍**
  - 02 ──→軍事・警察・御家人統率
  - 03 ──一般政務・財政 ➡ 1191年より 09
  - 04 ──→訴訟・裁判事務

〈地方〉要地に奉行をおき，諸国に守護，荘園や公領に地頭を配置

  - 京都守護 ──京都の警備
  - 鎮西奉行 ──→九州御家人の統率
  - 奥州総奉行 ──→奥州御家人の統率
  - 06 ──→各国の御家人統率。大犯三カ条の実施
  - 07 ──→各地の荘園や公領の治安維持・管理

● **財政基盤**：関東知行国（朝廷から知行権を与えられた国）と関東御領（頼朝の荘園）。

● **朝廷との関係**：平氏の滅亡後，後白河法皇は頼朝の弟義経に頼朝追討を命じるが，これに対し頼朝は京都に軍勢を送り，法皇に義経追討を名目として全国に 06 と 07 を設置することを認めさせた。

● **奥州藤原氏征伐**：京都から逃れた源義経を奥州藤原氏が保護するが，源頼朝はこれを口実に奥州藤原氏を滅ぼした。

封建制度の確立

武士たちは，将軍に所領の支配を保障されたり，新しい土地を与えられたりする見返りとして，将軍に軍事力を提供した。このように，主人と家臣が土地を通じて結びついた制度を封建制度という。

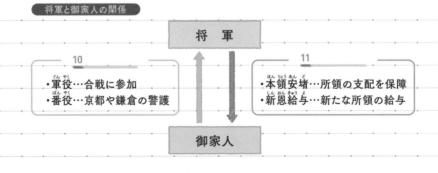

将軍と御家人の関係

将軍

10
- 軍役…合戦に参加
- 番役…京都や鎌倉の警護

11
- 本領安堵…所領の支配を保障
- 新恩給与…新たな所領の給与

御家人

No.

Date

日本史探究
ADVANCED JAPANESE HISTORY

THE LOOSE-LEAF STUDY GUIDE
FOR HIGH SCHOOL STUDENTS

THEME　中世　執権政治の確立・武士の地方支配

この時代のおもなできごと

将軍	執権	年代	おもなできごと
源 頼朝		☐ 1192	源頼朝が征夷大将軍に就任する
源頼家	北条時政	☐ 1203	北条時政が 01　　　　　となる
源実朝	義時	☐ 1213	北条義時が和田義盛を滅ぼす（和田合戦）
		☐ 1221	後鳥羽上皇が 02　　　　をおこす （後鳥羽上皇）
	泰時	☐ 1225	執権補佐のため 03　　　・04　　　　が設置される
藤原頼経		☐ 1232	最初の武家法典である 05　　　　が制定される
	経時		
藤原頼嗣	時頼	☐ 1247	三浦泰村一族が滅ぼされる（宝治合戦）
		☐ 1249	領地に関する訴訟処理のため 06　　　が設置される
宗尊親王	長時		
	政村	☐ 1268	元の使いが日本を訪れる
惟康親王	時宗		

北条氏の系図

北条時政
├ 政子
├ 義時 ― 泰時 ― 時氏 ― 時頼 ― 時宗 ― 貞時 ― 高時
　　　　　　　　　　├ 経時　├ 宗政 ― 師時　├ 時行（中先代）
　　　　　　　　　　　　　　　　　　　　　　　└ 時行

北条氏の台頭と承久の乱

●北条時政：頼朝の義父。

比企氏の乱	有力御家人の比企能員を滅ぼした。
源頼家暗殺	2代将軍源頼家を伊豆修禅寺に幽閉し，その後暗殺した。

● 07　　　　　：朝廷との争いに勝利し，武家政権を盤石なものとした。

和田合戦	侍所別当の有力御家人和田義盛を滅ぼした。→義時は侍所と政所の別当を兼任。
02	追討の院宣を出した後鳥羽上皇に対し，東国武士を結集して戦いに臨み勝利。

・08　　　　　の設置…02　　　　　の後，京都守護の朝廷監視の機能を強化した。

・藤原将軍…3代将軍源実朝が暗殺されると，摂関家の藤原頼経を将軍に招いた。

THEME **執権政治の確立・武士の地方支配**

執権政治の確立

- ● 09 ＿＿＿＿＿＿＿：義時の子で3代執権。
  - ・05 ＿＿＿＿＿＿の制定…御家人同士や御家人と荘園領主との紛争を裁く基準を明確にした。
  - ・評定会議の形成…執権補佐のための03 ＿＿＿＿＿＿を北条氏一門から選ぶとともに，有力な御家人や政務にすぐれた者を04 ＿＿＿＿＿＿に選び，合議制による政治を行った。

- ● 北条時頼：5代執権。北条氏の地位を不動のものとした。
  - 宝治合戦　有力御家人の三浦泰村一族を滅ぼし，北条氏の地位を確立。
  - ・06 ＿＿＿＿＿＿の設置…所領に関する訴訟を迅速に処理するための機関を設置。
  - ・皇族将軍…後嵯峨上皇の子宗尊親王を将軍に迎える。➡名目のみで実権はなし。

執権政治のころの鎌倉幕府

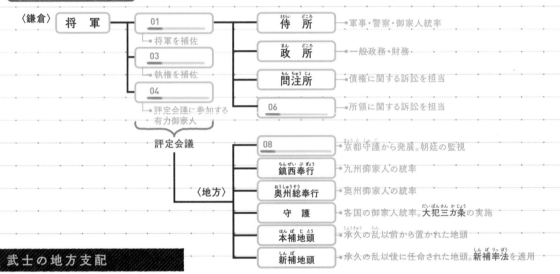

〈鎌倉〉

将軍 ── 01 ＿＿＿＿
└ 将軍を補佐
03 ＿＿＿＿
└ 執権を補佐
04 ＿＿＿＿
└ 評定会議に参加する有力御家人

評定会議

侍所 →軍事・警察・御家人統率
政所 →一般政務・財務・
問注所 →債権に関する訴訟を担当
06 ＿＿＿＿ →所領に関する訴訟を担当

〈地方〉

08 ＿＿＿＿ →京都守護から発展。朝廷の監視
鎮西奉行 →九州御家人の統率
奥州総奉行 →奥州御家人の統率
守護 →各国の御家人統率。大犯三カ条の実施
本補地頭 →承久の乱以前から置かれた地頭
新補地頭 →承久の乱以後に任命された地頭。新補率法を適用

武士の地方支配

武士は開発領主を兼ねる者が多く，所領内に館を建て暮らしていた。所領は分割相続が原則で，血縁関係によって一族が結束していた。

地頭に任命された武士は荘園や公領の管理を行ったが，承久の乱以後，荘官や在庁官人から土地の支配権を奪い取るようになった。

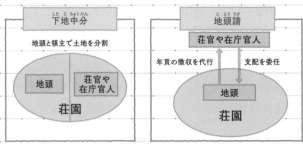

下地中分
地頭と領主で土地を分割
地頭　｜　荘官や在庁官人
荘園

地頭請
荘官や在庁官人
年貢の徴収を代行　｜　支配を委任
地頭
荘園

No.
Date
日本史探究
ADVANCED JAPANESE HISTORY
THE LOOSE-I FAF STUDY GUIDE
FOR HIGH SCHOOL STUDENTS

THEME 中世 モンゴル襲来と東アジア諸国

この時代のおもなできごと

執権	年代	おもなできごと
北条政村	□ 1268	元の使いが日本を訪れる
	□ 1271	元の使いが再び訪れ朝貢を要求する ➡ 執権北条時宗は拒否
時宗	□ 1274	元軍が博多湾に来襲する（01　　　　の役）
	□ 1275	異国警固番役が強化される
	□ 1281	元軍が再び博多湾に来襲する（02　　　　　　の役）
貞時	□ 1285	霜月騒動がおこる
	□ 1293	鎮西探題が設置される
	□ 1297	御家人の財政救済のため永仁の徳政令が出される

フビライ=ハン

モンゴル襲来（元寇）

13世紀はじめにチンギス=ハン（成吉思汗）がおこしたモンゴル帝国が勢力を拡張し，東アジアにまで侵攻した。

● 元の成立：モンゴル帝国5代皇帝のフビライ=ハン（忽必烈汗）は国号を中国風の元に改め，南宋や高麗を圧迫。

13世紀の東アジア

元
大都
開城 高麗
鎌倉
対馬
博多
臨安
南宋

● 使者の来日：高麗を滅ぼした元が日本に使者を送り，朝貢をして支配下に入ることを要求したが，執権の北条時宗は拒否。戦いに備え異国警固番役を設置。

01　　　　の役
朝鮮半島から対馬・壱岐を経て元軍が博多湾に来襲。
→御家人たちの活躍で防衛に成功。

● 戦間期：鎌倉幕府は元軍の再来に備え，異国警固番役を強化するとともに博多湾に
03　　　　を築く。大陸では南宋が元に滅ぼされた。

02　　　　の役
元軍が朝鮮と中国沿岸の二方向から来襲。
→御家人たちの防衛と暴風雨によって元軍は撤退。

● 襲来後：戦いには勝利したが新たな土地は手に入らなかったので，御家人への恩賞が不足した。
→御恩と奉公の関係が崩れる。

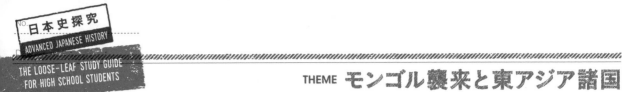

THEME **モンゴル襲来と東アジア諸国**

蒙古襲来後の政治

●北条貞時：時宗の子で9代執権。

・鎮西探題の設置…モンゴル襲来後，北条氏一門を鎮西探題として九州に派遣し，九州地方の政務や御家人の統率を行わせた。

・04 _____ 政治の確立…北条氏の宗家の当主（得宗）に権力が集中し，得宗の家臣（05 _____ ）と御家人の対立が強まった。

霜月騒動	有力御家人の安達泰盛を 06 _____ の平頼綱が滅ぼした。
平禅門の乱	北条貞時が平頼綱を滅ぼし，得宗が幕府の全権をにぎった。

・永仁の徳政令…分割相続の繰り返しなどで困窮した御家人のため，御家人が質入れしていた所領の返還などを命じた。

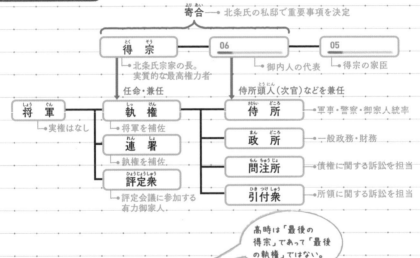

得宗専制政治のころの鎌倉幕府

寄合 — 北条氏の私邸で重要事項を決定

得宗 —— 06 —— 05
└北条氏宗家の長。実質的な最高権力者
└御内人の代表
└得宗の家臣
任命・兼任
侍所頭人（次官）などを兼任

将軍 —— 執権 —— 侍所 —— 軍事・警察・御家人統率
└実権はなし
└将軍を補佐
連署 —— 政所 —— 一般政務・財務
└執権を補佐
評定衆 —— 問注所 —— 債権に関する訴訟を担当
└評定会議に参加する有力御家人
引付衆 —— 所領に関する訴訟を担当

> 高時は「最後の得宗」であって「最後の執権」ではない。

●北条高時：貞時の子で最後の得宗。14代執権。

高時のころになると，実権は 06 _____ や有力な 05 _____ に移り，得宗も形骸化。畿内やその周辺では新興武士たちが 07 _____ となって荘園領主と対立し，社会が乱れた。

北海道と沖縄

稲作が伝わらなかった北海道や沖縄では，独自の文化が形成され社会が発展した。

●北海道：続縄文文化が終わった後，擦文文化やオホーツク文化を経て，13世紀ごろにはアイヌ独自の文化が生まれた。アイヌは津軽の 08 _____ などで，安藤（安東）氏と交易を行っていた。

●琉球（沖縄）：貝塚文化が終わった後，12世紀ごろから農耕がはじまり各地に 09 _____ とよばれる指導者が生まれた。指導者はグスクとよばれる城をつくって勢力を広げ，やがて山北（北山）・中山・山南（南山）という3つの勢力に統合されていった。

THEME 中世 鎌倉時代の社会の変容

この時代のおもなできごと

執権	得宗	年代	おもなできごと
北条貞時	貞時	□ 1297	御家人の財政救済のため 01　　　　　　　が出される
師時			
宗宣			
熙時			
基時			
高時	高時	□ 1317	幕府が両統迭立を提案
貞顕		□ 1333	鎌倉幕府が滅亡する
守時			

幕府の衰退

●御家人の窮乏：鎌倉時代後期になると，社会の変化によって御家人が窮乏した。

・所領の不足…モンゴル襲来では新たな土地が得られなかったので恩賞にする土地が不足。また分割
相続の繰り返しによって御家人の所領が細分化された。

・貨幣経済の浸透…農村にまで貨幣経済が浸透し，領地の生産物に経済基盤を置いてきた御家人は，
対処しきれなくなった。

●01　　　　　　　：窮乏した御家人を救済する
ため，執権北条貞時は徳政令を出し，質入れ
された御家人の土地を無償で返却させた。

➡効果は一時的だった。

	御家人から御家人に売却	御家人から非御家人に売却
売却から20年未満	無償で返却	無償で返却（年数関係なし）
売却から20年以上	返却不要	

●幕府の衰退：窮乏に加え，得宗専制政治による御内人の優遇などにより御家人の不満が高まる。

➡地頭や新興武士たちが 02　　　　　となり，幕府や領主に抵抗するようになった。

天皇家の分裂

●天皇家の分裂：後鳥羽上皇の孫の後嵯峨法皇が死去すると，
皇室は 03　　　　　天皇系の持明院統と，
04　　　　　天皇系の大覚寺統に分裂した。

天皇の系図（両統迭立）

財政基盤		
持明院統	長講堂領	長講堂領と八条院領については P.058参照。
大覚寺統	八条院領	

●両統迭立：鎌倉幕府は分裂した天皇家に対したびたび仲裁を行い，
両統から順番に天皇を出すことを提案した。

THEME **鎌倉時代の社会の変容**

産業の発達

農業

蒙古襲来の前後から農業技術が急速に発達し，生産性が向上した。

技術の発達	新しい品種	労働力の改善	肥料の発達
米の裏作として麦をつくる 05 _____ が，畿内や西日本を中心に行われるようになった。	収穫量の多い 06 _____ が輸入され，生産量が増大した。	牛に犂を引かせて耕すなど，牛馬を使った農耕が行われ，作業の能率が上がった。	刈った草を発酵させた 07 _____ や，草木を燃やした灰をまく 08 _____ などの肥料が普及した。

工業

鉄器や衣類の需要が増大し，鍛冶，鋳物師，紺屋などの手工業者が農村に住むようになった。また，工芸品の特産地が出現した。

刀剣	長光	備前	陶器	瀬戸焼	尾張
	藤四郎吉光	京都		常滑焼	尾張
	正宗	鎌倉		備前焼	備前

貨幣・金融

●流通

- 定期市…月に３回市を開く 09 _____ が，荘園・公領の中心地や寺社の門前，交通の要所などで発達した。
- 常設店舗…京都・奈良・鎌倉では常に店を開く見世棚も営まれるようになった。
- 行商…中央から各地に工芸品を売り歩く行商人が活躍した。
- 同業者組合…同業者の団体である座が結成され，製造や販売で独占権を得た。
- 遠隔地取引… 10 _____ とよばれる，各地の湊で商品の中継と委託販売を行う業者が発達した。
- 為替…金銭を直接やり取りせず，交換可能な手形（証書）を用いて取引した。
  ➡輸送の手間が省け，流通が活発になった。

> 発展
> 座の構成員のうち，大寺社に属した者を神人，天皇家に属した者を供御人という。

宋銭

●金融

- 貨幣の普及… 11 _____ が大量に輸入され，通貨として用いられた。
- 12 _____ …鎌倉時代後期よりあらわれた金融業者。高い金利で金銭を融資した。

THEME 中世 鎌倉文化

鎌倉文化の背景と特徴

12世紀後半から14世紀にかけて、京都・鎌倉を中心
として発達した文化。

- **担い手** 貴族・武士・僧侶
- **中心地** 京都・鎌倉
- **特徴** 新たに台頭した武士が、貴族の文化の影響
を受けつつ新しい文化を生み出した。

時代	年代	おもなできごと
院政期	☐ 1175	浄土宗がひらかれる
	☐ 1180	源平の争乱がはじまる
鎌倉時代	☐ 1191	臨済宗がひらかれる
	☐ 1199	東大寺南大門が再建される
	☐ 1205	『新古今和歌集』が成立
	☐ 1212	『方丈記』が成立
	☐ 1221	承久の乱がおこる
	☐ 1224	浄土真宗がひらかれる
	☐ 1227	曹洞宗がひらかれる
	☐ 1253	日蓮宗がひらかれる
	☐ 1274	文永の役がおこる 時宗がひらかれる
	☐ 1331 ごろ	『徒然草』が成立

宗教・学問

●**鎌倉新仏教**：社会の変化を背景に新しい仏教の宗派が次々に生まれた。実践中心の明快な教義によっ
て、庶民も含む幅広い階層を対象とした。

	宗派名	開祖	主要著書	教義
浄土教系	浄土宗	01	『選択本願念仏集』	念仏を一心に唱えること（専修念仏）で極楽往生ができると説いた。
	浄土真宗	02	『教行信証』	悪人こそが阿弥陀仏の救いの対象であるとする悪人正機の考えを説いた。
	時宗	03		すべての人が救いの対象であると説き、念仏札や踊念仏によって布教した。
	日蓮宗	04	『立正安国論』	法華経のみを正しい教えとし、題目（南無妙法蓮華経）を唱えることで救われると説いた。
禅宗系	臨済宗	05	『興禅護国論』	坐禅と公案問答によって悟りに至ることができると説いた。
	曹洞宗	06	『正法眼蔵』	ひたすら坐禅をすること（只管打坐）によって悟りに至ることができると説いた。

●**旧仏教**：鎌倉新仏教に触発され、南都六宗などの旧仏教でも再興の動きがあった。

教学名	僧侶	活動内容
法相宗	貞慶（解脱）	笠置寺などで戒律の復興につとめた。
華厳宗	明恵（高弁）	『摧邪輪』を著し、法然の専修念仏を批判した。
律宗	叡尊（思円）	奈良の西大寺を再興し、戒律の復興につとめた。
	忍性（良観）	奈良に北山十八間戸を設立し、ハンセン病患者の救済にあたった。

●**神仏習合**：鎌倉新仏教の影響を受け、度会家行が伊勢神道（度会神道）を創始した。

●**儒学**：宋で朱熹が確立させた 07 　　　　　　が日本に伝わった。思想の一つである大義名分論は、

日本に大きな影響を与えた。
 └→後醍醐天皇の討幕や、幕末の尊王攘夷運動など。

文学

戦乱や社会の変化を反映して，歴史書や軍記物が盛んに書かれた。

歴史書	『愚管抄』	慈円の歴史書。後鳥羽上皇による承久の乱を防ごうとした。
	『吾妻鏡』	幕府による歴史書。幕府の歴史を編年体で記す。
軍記物	『 08 』	軍記物の傑作。琵琶法師により平曲として各地で語られた。
随筆	『方丈記』	鴨長明の随筆。
	『徒然草』	兼好法師の随筆。
和歌	『山家集』	北面の武士出身の僧，西行の私家集。
	『 09 』	後鳥羽上皇の命で編纂された勅撰和歌集。藤原定家・藤原家隆ら当時を代表する歌人が撰者をつとめた。
	『金槐和歌集』	鎌倉幕府3代将軍 源 実朝の歌集。
有職故実	『禁秘抄』	順徳天皇の著。有職故実とは朝廷の儀式・先例を研究したもの。

建築

大仏様や禅宗様といった，大陸の建築様式が日本に伝わり新しい傾向が芽生えた。

大仏様	10	重源が，宋の工人陳和卿に協力を請い建築した。
禅宗様	円覚寺舎利殿	宋の建築様式を導入して建てられた。
和様	三十三間堂（蓮華王院本堂）	平安時代からの建築様式を引き継いだ建物。

彫刻

東大寺南大門
金剛力士像

運慶・快慶らに代表される奈良仏師らが，写実的で勇壮な彫刻をつくった。

木像	東大寺南大門金剛力士像	運慶・快慶ら奈良仏師の合作で，寄木造の木像。
	東大寺僧形八幡神像	重源の命で快慶がつくった木像。写実性が特徴。
	六波羅蜜寺空也上人像	運慶の子康勝の作。国風文化期に浄土教を布教した空也の像。
金銅像	高徳院阿弥陀如来像	鎌倉高徳院の大仏。別名鎌倉大仏。

絵画・工芸品

絵巻物が全盛を迎える一方で，個人の肖像を描く似絵が発達し，藤原隆信・信実父子らの名手が出た。

絵画	11	肥後の御家人竹崎季長が，自身の活躍を伝えるために描かせた。
	男衾三郎絵巻	武蔵国の武士男衾三郎とその兄吉見二郎の生活を描く。
	12	時宗の祖一遍の布教のようすを描く。
	紫式部日記絵巻	『紫式部日記』を絵画化した絵巻物。
似絵	伝源頼朝像	藤原隆信の筆とされる似絵。足利直義の像とする説もある。

No.

日本史探究
ADVANCED JAPANESE HISTORY

Date

THE LOOSE-LEAF STUDY GUIDE
FOR HIGH SCHOOL STUDENTS

THEME 中世 建武の新政と室町幕府の成立

この時代のおもなできごと

天皇		得宗・将軍	年代	おもなできごと
後醍醐		北条高時	☐ 1324	後醍醐天皇の討幕が未遂に終わる（ 01 　　　　　　　）
			☐ 1331	後醍醐天皇の討幕が未遂に終わる（ 02 　　　　　　　）
	光厳		☐ 1333	足利高氏・新田義貞らが挙兵 ➡ 鎌倉幕府が滅亡する
後醍醐			☐ 1335	中先代の乱がおこる
			☐ 1336	足利尊氏が京都を制圧，建武式目が出される
	光明		☐ 1338	足利尊氏が征夷大将軍となる
	崇光		☐ 1350	観応の擾乱がはじまる
後村上		足利尊氏	☐ 1351	足利尊氏が一時的に南朝に降伏
			☐ 1352	足利直義が死去する
	後光厳			近江・美濃・尾張に半済令が出される
			☐ 1358	足利尊氏が死去する

足利高氏は討幕後に後醍醐天皇の本名である
尊治から1字を下賜され，尊氏と名乗った。

建武の新政

観応の擾乱

足利尊氏

鎌倉幕府の滅亡

大覚寺統から即位した後醍醐天皇は両統迭立に不満を抱き，幕府の打倒を計画。

●討幕計画：

01 ＿＿＿＿＿＿＿　側近とともに討幕を計画するが，密告によって幕府に情報がもれて失敗した。

02 ＿＿＿＿＿＿＿　再度討幕を計画するが，密告により失敗に終わる。天皇は退位させられ，隠岐に配流された。

●反幕府勢力の挙兵：天皇の子の護良親王や河内の豪族楠木正成が蜂起。鎌倉幕府に抵抗をはじめた。

●天皇の隠岐脱出：天皇が隠岐を脱出すると，有力御家人の足利高氏，新田義貞らも後醍醐天皇に呼
　　　　　　　　　応した。高氏は六波羅探題，義貞は鎌倉を攻め落とし，鎌倉幕府は滅亡した。

THEME **建武の新政と室町幕府の成立**

建武の新政

後醍醐天皇は足利高氏が六波羅探題を滅ぼすと京都に入り，建武の新政をはじめた。

●特徴：政務機関には武家と公家の両方を
登用。天皇への権力集中をはかり，
すべての土地所有の確認には，天
皇の 03 ＿＿＿＿＿を必要とする法令
を出した。

●結果：武士のそれまでの慣習と合わず，
社会が混乱。

　　・04 ＿＿＿＿＿…
　　1334年に後醍醐天皇の御所近くに掲げ
　　られた落書。社会の混乱を風刺。

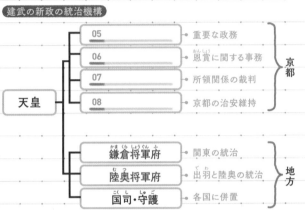

建武の新政の統治機構

天皇	05	→ 重要な政務	京都
	06	→ 恩賞に関する事務	
	07	→ 所領関係の裁判	
	08	→ 京都の治安維持	
	鎌倉将軍府	→ 関東の統治	地方
	陸奥将軍府	→ 出羽と陸奥の統治	
	国司・守護	→ 各国に併置	

室町幕府の成立と観応の擾乱

●建武の新政の終焉

| 中先代の乱 | 北条高時の遺児北条時行が挙兵し，鎌倉を攻め落とす。
➡足利尊氏が鎮圧にあたった。 |
| 足利尊氏の挙兵 | 足利尊氏が建武の新政に不満をもつ武士達を引き連れ京都を
制圧。➡後醍醐天皇は吉野に逃れる（南朝）。 |

●室町幕府の成立

・北朝の成立…尊氏は持明院統の 09 ＿＿＿＿＿天皇を立て北朝が成立。
　　　　　　　➡南北朝の動乱がはじまる。

・式目の制定…尊氏は今後の政務方針を定めた
　　　　　　　10 ＿＿＿＿＿を発表。

> 注意
> 幕府の基本法典は引き続き御成敗式目が用い
> られた。建武年間以後に御成敗式目に追加さ
> れた法令を建武以来追加という。

・幕府の成立…足利尊氏が征夷大将軍に就任し，名実ともに幕府が成立。

| 観応の擾乱 | 足利尊氏の弟直義と，尊氏の執事 11 ＿＿＿＿＿が対立し，幕府が分裂。
➡直義が殺害された後も，幕府・旧直義派・南朝の戦いは継続した。 |

No.
Date
日本史探究
ADVANCED JAPANESE HISTORY

THE LOOSE-LEAF STUDY GUIDE
FOR HIGH SCHOOL STUDENTS

THEME 中世 室町幕府の機構と勘合貿易

この時代のおもなできごと

天皇		将軍	年代	おもなできごと
後村上	後光厳	足利義詮		
長慶	後円融		□ 1378	京都の室町に花の御所が建てられる
後亀山		義満	□ 1390	土岐康行の乱がおこる
			□ 1391	明徳の乱がおこる
	後小松		□ 1392	01　　　　　の合体が実現する
		義持	□ 1399	応永の乱がおこる
			□ 1404	02　　　　貿易がはじまる
			□ 1411	02　　　　貿易が一時中断
称光		義量	□ 1419	応永の外寇がおこる

足利義満

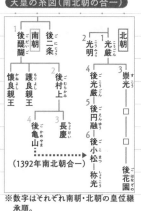

南北朝の動乱の収束

1370年代になると，南北朝の動乱は収束に向かった。その一方で半済令などによって守護大名が力をつけてきたため，幕府は有力な守護大名の勢力を削減した。

● 3代将軍 03　　　　　の政治

・花の御所の建設…京都の室町に将軍の邸宅を建て，政治の拠点とした。

土岐康行の乱	美濃・尾張・伊勢の守護である土岐氏を討伐。
明徳の乱	11か国の守護を兼ねていた山名氏の内紛に介入して，山名氏清らを滅ぼした。

・01　　　　　の合体…南朝の後亀山天皇が，北朝の後小松天皇に譲位する形で合体を実現。

➡南北朝の動乱が終わる。

・将軍退任後…将軍職を義持に譲って太政大臣となり，出家した後も京都の北山に建てた山荘（のちの 04　　　　　）で政務を行った。

応永の乱	近畿・中国・九州の6か国の守護を兼ねていた大内義弘を滅ぼした。

天皇の系図（南北朝の合一）

```
          南朝              北朝
  1              2    1
  後醍醐  後二条   光明  光厳
   |        |          |
  懐良  護良  後村上   4    3
  親王  親王    |     後光厳 崇光
        4    3        5    |
       後亀山 長慶     後円融 後光厳
                       6    |
                      後小松 後花園
                        |
                      称光
```

（1392年南北朝合一）

※数字はそれぞれ南朝・北朝の皇位継承順。

THEME **室町幕府の機構と勘合貿易**

室町幕府の機構

室町幕府の組織

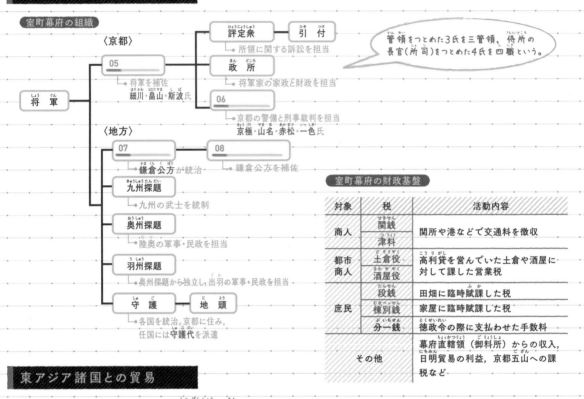

〈京都〉

評定衆 ── 引付
└ 所領に関する訴訟を担当

05
└ 将軍を補佐
細川・畠山・斯波氏

政所
└ 将軍家の家政と財政を担当

06
└ 京都の警備と刑事裁判を担当
京極・山名・赤松・一色氏

将軍

〈地方〉

07 ── 08
└ 鎌倉公方が統治 └ 鎌倉公方を補佐

九州探題
└ 九州の武士を統制

奥州探題
└ 陸奥の軍事・民政を担当

羽州探題
└ 奥州探題から独立し,出羽の軍事・民政を担当

守護 ── 地頭
└ 各国を統治。京都に住み,
任国には守護代を派遣

> 管領をつとめた3氏を三管領,侍所の長官(所司)をつとめた4氏を四職という。

室町幕府の財政基盤

対象	税	活動内容
商人	関銭	関所や港などで交通料を徴収
	津料	
都市商人	土倉役	高利貸を営んでいた土倉や酒屋に対して課した営業税
	酒屋役	
庶民	段銭	田畑に臨時賦課した税
	棟別銭	家屋に臨時賦課した税
	分一銭	徳政令の際に支払わせた手数料
その他		幕府直轄領(御料所)からの収入,日明貿易の利益,京都五山への課税など

東アジア諸国との貿易

● 02 ___ 貿易:1368年に朱元璋が明を建国。明は自国を中心とする国際秩序を構築するため,日本に通交を要求。**足利義満はこれに応じ**貿易がはじまった。
└ 遣明使節の正使には義満の側近の祖阿,副使には博多商人の肥富が選ばれた。

・ 09 ___ …明が発行した証票。遣明船に対し持参を義務付けた。

・ 朝貢貿易…日本が明に対して朝貢するという形式をとった。

➡ 屈辱的であるとして4代将軍足利義持は貿易を中断。

 生糸,高級織物,陶磁器,書籍,銅銭など

 刀剣,武具,銅,硫黄など

└ 対馬・壱岐などを根拠地とした海賊。朝鮮や中国沿岸で略奪を行っていた。

● 日朝貿易:1392年に李成桂が高麗を倒し朝鮮を建国。朝鮮は高麗に引き続き 10 ___ の鎮圧を求めるとともに,通交を要求。足利義満はこれに応じ貿易がはじまった。

 木綿,大蔵経など

 染料,香木,銅,硫黄など

No.
Date.

日本史探究
ADVANCED JAPANESE HISTORY

THE LOOSE-LEAF STUDY GUIDE
FOR HIGH SCHOOL STUDENTS

THEME 中世 惣村の形成・室町幕府の動揺

この時代のおもなできごと

将軍	年代	おもなできごと
足利義持	□ 1416	上杉禅秀の乱がおこる
義量		
	□ 1428	最初の徳政一揆である 01 ＿＿＿＿＿＿＿＿＿＿ がおこる
義教	□ 1438	鎌倉公方の足利持氏が滅ぼされる（永享の乱）
	□ 1441	足利義教が暗殺される（ 02 ＿＿＿＿＿ ）
義勝		嘉吉の徳政一揆がおこる
義政	□ 1454	鎌倉公方と関東管領の抗争がおこる（享徳の乱, ～ 1482）

村の形成と一揆

14 ～ 16 世紀ごろにかけて，農民たちが自主的につくりだした村を 03 ＿＿＿＿＿＿ という。

惣 の特徴

● 寄合：村の構成員（惣百姓）らが合議で村の運営を行った。惣百姓のうち村の指導者をおとな（長・乙名）・沙汰人という。

● 04 ＿＿＿＿＿＿：領主から年貢の納入を請け負い，村全体で年貢を一括納入した。

● 惣掟：惣百姓らが自ら作成した決まり。やぶった者には罰金や制裁を加えた。

● 地下検断（自検断）：犯罪者に対し，村民自身が警察権を行使すること。

● 宮座：惣の祭祀集団。神社の祭礼などを自分たちで行った。

● 一揆：宮座などによって結束した人々が連帯すること。

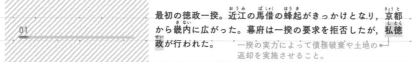

　➡ 強訴や逃散といった実力行使によって，領主に年貢軽減などを求めた。
　　└● 強訴は領主のもとに押しかけて要求を通すこと。逃散は耕作を放棄して他の領地や山林に逃げること。

・ 土一揆……一揆の形態のひとつで，農民が困窮した武士や都市民をともなって徳政（借金の帳消し）を要求したもの。徳政一揆ともいう。

	柳生の徳政碑文
01 ＿＿＿＿＿＿＿＿	最初の徳政一揆。近江の馬借の蜂起がきっかけとなり，京都から畿内に広がった。幕府は一揆の要求を拒否したが，私徳政が行われた。　　└● 一揆の実力によって債務破棄や土地の返却を実施させること。
嘉吉の徳政一揆	足利義勝の代始めの徳政を要求し，山城国の地侍らの主導で行われた。幕府は要求を受け入れ徳政令が出された。

THEME **惣村の形成・室町幕府の動揺**

地方の変容

守護の発展

守護は国司の権限を吸収して一国を支配し，05 _____ とよばれるようになった。

● 06 _____ ：守護に荘園や公領から年貢の半分を徴収する権利を与える法令。近江・尾張・美濃
で出されたものが全国に広がった。

● 07 _____ ：荘園や公領の領主が行っていた年貢の徴収を守護が請け負うこと。守護の領地支配
が強化された。

● 守護の権限の強化：従来の大犯三カ条に加え，刈田狼藉を取り締まる権限や使節遵行の実行権など
が与えられた。
　　　　　　　　　　　　　　　　└→田畑をめぐる紛争で，一方的に　　　└→幕府の裁判の判決を
　　　　　　　　　　　　　　　　　　稲を刈り取る行為。　　　　　　　　　強制執行すること。

地域支配の変化

● 領主の発達：地頭などの在地領主が 08 _____ として台頭した。国人一揆を結成して守護に抵抗す
ることもあった。

● 相続の変化：鎌倉時代末期より，子孫らが土地を分け合う分割相続から，一族の嫡子がすべての所
領を相続する 09 _____ に変化した。

➡武士団は血縁を重視した結合から，地縁を重視したものに変わっていった。

室町幕府の動揺

● 足利義持（4代将軍）：義満の子。この時期は将軍と有力守護との均衡が保たれていた。

上杉禅秀の乱	鎌倉公方足利持氏と前関東管領上杉禅秀が対立し，抗争に発展。足利義持は持氏に援軍を送り禅秀を破った。

● 足利義教（6代将軍）：5代将軍足利義量が早世し，父である義持も後継者を指名しないまま死去
したため，義持の兄弟のなかからくじ引きで決めることとなり，将軍に選
ばれた。

永享の乱	足利持氏と関東管領上杉憲実の対立を契機に，将軍家に反抗的な足利持氏を滅ぼした。
02 _____	足利義教が有力守護の赤松満祐に暗殺された。幕府の権威が大きく失墜。

● 足利義政（8代将軍）：義教の子。7代将軍足利義勝が早世し，弟の義政が将軍となる。

享徳の乱	鎌倉公方の足利成氏が関東管領の上杉憲忠を謀殺した事件をきっかけに，幕府は成氏討伐の兵を送り，成氏は下総古河に逃れた。28年にわたる争いの末，鎌倉公方は下総の古河公方と，伊豆の堀越公方に分裂した。

No.
Date.

日本史探究
ADVANCED JAPANESE HISTORY

THE LOOSE LEAF STUDY GUIDE
FOR HIGH SCHOOL STUDENTS

THEME　中世　**応仁の乱・室町時代の社会の変容**

この時代のおもなできごと

将軍	年代	おもなできごと
足利義政	☐ 1467	01　　　　　　　がはじまる（～1477）➡京都が荒廃
義尚	☐ 1485	山城で 02　　　　　　がおこる
	☐ 1488	加賀で 03　　　　　　がおこる
義稙・義澄	☐ 1510	朝鮮で三浦の乱がおこる
義晴	☐ 1523	中国で寧波の乱がおこる
	☐ 1536	天文法華の乱がおこる
義輝	☐ 1565	足利義輝が松永久秀に討たれる
義栄		
義昭	☐ 1573	織田信長が足利義昭を京都より追放（室町幕府の滅亡）

応仁の乱で略奪を行う足軽

戦国時代

応仁の乱と国一揆

●01　　　　　：

有力守護や将軍家の間で内紛がおこり，有力守護の細川勝元と山名持豊（宗全）がこれに介入して戦いがおこった。

➡戦いの舞台となった京都は，戦乱の結果焼け野原となり荒廃した。荒廃した原因のひとつに，足軽の略奪があげられる。
┗●身分の低い軽装の歩兵。

●国一揆の発生：社会が乱れると，国人や地侍らによって，一国の支配権が奪われる規模の一揆が発生した。

応仁の乱の対立関係

	東軍	関係	西軍
総大将	細川勝元（三管領）		山名持豊（四職）
将軍家※	足利義政	兄と弟	
	｜		足利義視
	足利義尚	甥と叔父	
畠山氏	畠山持富	弟と兄	畠山持国
	｜		｜
	畠山政長	従兄弟	畠山義就
斯波氏	斯波義敏	従兄弟	斯波義廉

※ 1468年末以前は，足利義政と義尚が山名持豊（西軍），足利義視が細川勝元（東軍）に与していた。

02	山城国の国人や農民が蜂起し，守護の畠山氏を追い出して約8年にわたる自治を実現。
03	国人と結んだ加賀の浄土真宗（一向宗）信者が守護の富樫政親を倒し，約100年にわたる自治を実現。

THEME 応仁の乱・室町時代の社会の変容

産業の発達

農業

生産性の向上に加え，農業の多角化と集約化が進んだ。

技術の発達	新しい品種	商品作物の栽培	肥料の発達
米の裏作として麦とそばをつくる 04 ＿＿＿ が，畿内で行われるようになった。	早稲・中稲・晩稲といった収穫時期が異なる米が普及し，収穫が安定した。	芋・桑・漆・藍・茶など商品作物の栽培が広まった。	刈敷や草木灰に加え，05 ＿＿＿ が広く使われるようになった。

工業・商業

● 製塩：潮の満ち引きを利用して，砂浜に海水を付着させる古式 06 ＿＿＿ がみられるようになった。

連雀商人

● 流通：
  ・定期市…応仁の乱後には，月に6度市を開く 07 ＿＿＿ が一般化。京都の米場・淀の魚市のような特定の品目を扱う市場が出現した。
  ・行商…連雀商人や振売といった行商人が増加したほか，京都の大原女，桂女のような女性の行商人の活躍が目立った。
  ・同業者組合…大寺院や朝廷によって，関銭の免除や営業独占権などの特権をもつ座が出現した。
  ・流通業者…廻船の往来が頻繁になったほか，京都への輸送路では馬借や車借といった陸運業者も活躍した。

供御人と神人については P.068参照。

代表的な座	
座	本所
灯炉供御人	蔵人所
大山崎の油神人	石清水八幡宮
麹座神人	北野社
綿座神人	祇園社

● 金融：
  ・金融業者…酒屋などの富裕な商工業者が，08 ＿＿＿ とよばれる高利貸業を営むようになった。
  ・貨幣の普及…宋銭や明銭（永楽通宝など）が普及する一方で，私鋳銭に代表される粗悪な貨幣が流通した。
    └無許可で鋳造された銭貨。

    ➡取引で良質な貨幣のみを選び取る 09 ＿＿＿ が流行。
    ➡幕府や戦国大名は貨幣の流通を円滑化するため，10 ＿＿＿ を出した。
  ・遠隔地取引…割符（為替手形の一種）の利用が盛んに行われた。

No.

Date

日本史探究
ADVANCED JAPANESE HISTORY

THE LOOSE-LEAF STUDY GUIDE
FOR HIGH SCHOOL STUDENTS

THEME 中世 室町文化①

室町文化

室町時代の文化は，その特徴によって南北朝
期の文化，3代将軍足利義満の時代の北山文化，
8代将軍足利義政の時代の東山文化に分かれる。
応仁の乱後には，京都を離れた文化人たちに
よって文化が各地に広がった。

文化	年代	おもなできごと
南北朝期の文化	☐ 1336	朝廷が南朝と北朝に分裂
北山文化	☐ 1392	南北朝が合体する
東山文化	☐ 1467	応仁の乱がおこる

南北朝期の文化

動乱期の社会を背景として，バサラとよばれる派手さやぜいたくさを好む気質が新興武士の間で流行した。また，二条良基が連歌の規則書『応安新式』を定め，その後連歌は和歌と対等の地位を築いた。

歴史書	『増鏡』	鎌倉時代のできごとを公家の立場から編年体で記した歴史書。
	『梅松論』	南北朝時代の戦記。北朝のできごとを武家の立場から記述。
	『 01　　　　　』	南朝の武将である北畠親房が著した歴史書。大義名分論にもとづき南朝の正当性を主張。
軍記物語	『 02　　　　　』	南北朝の動乱を扱った軍記物語。
有職故実	『建武年中行事』	後醍醐天皇の著した有職故実書。
	『職原抄』	北畠親房が後村上天皇のために著した有職故実書。
連歌	『 03　　　　　』	二条良基らの撰による連歌集。準勅撰集の扱いを受けた。

北山文化

足利義満が京都の北山に建てた山荘（のちの金閣）に代表される文化。
禅宗の影響が強い。
- 五山・十刹の制：南宋の官寺の制（国家が寺院を運営する制度）
 にならった五山・十刹の制が整備され，絶海中
 津・義堂周信らの著に代表される漢文学（五山
 文学）が花開いた。
- 水墨画：五山僧の明兆・如拙・周文らにより宋の禅画の影響を受
 けた水墨画が描かれた。

瓢鮎図	如拙の筆。禅宗の公案をテーマとしている
寒山拾得図	周文の筆とされる水墨画

五山の制

	京都	鎌倉
別格	南禅寺（京都）	
1位	天龍寺	建長寺
2位	相国寺	円覚寺
3位	建仁寺	寿福寺
4位	東福寺	浄智寺
5位	万寿寺	浄妙寺
十刹	京都十刹／関東十刹	
諸山	全国各地に諸山	

→興福寺を本所とする猿楽の座で，観世座・宝生座・金春座・金剛座のこと。
- 芸能：大和猿楽四座の観世座から出た観阿弥・世阿弥親子が猿楽能を大成させた。世阿弥は能楽書
 の『 04　　　　　　　』を著した。

慈照寺銀閣

東山文化

足利義政が京都の東山に建てた山荘（のちの慈照寺）に代表される文化。禅の精神や幽玄・侘を基調とする。

文学

宗祇によって和歌の伝統を取り入れた 05 _____ が確立された。また，御伽草子とよばれる短編小説が民衆向けに刊行された。

連歌集	06 _____	宗祇が編纂した連歌集。準勅撰集の扱いを受けた。
	『水無瀬三吟百韻』	後鳥羽上皇の廟に奉納するため，宗祇と2人の弟子が詠んだ連歌。
御伽草子	「酒呑童子」「一寸法師」「ものくさ太郎」「浦島太郎」など	全体的に仏教思想の影響が強い短編の物語。絵の余白に文章が書かれている体裁をとり，絵だけでも楽しむことができた。
有職故実	『公事根源』	公家の学者一条兼良が15世紀前期に著した有職故実書。

建築

寝殿造を母体とした書院造や，禅の精神を体現した庭園が特徴。

建築	慈照寺銀閣	8代将軍足利義政が京都の東山に建てた山荘。
	07 _____	慈照寺の建物の一つ東求堂の一室。書院造の代表的な遺構。
庭園	大徳寺大仙院庭園 龍安寺石庭	禅の精神に基づき，岩と砂利で自然の景観を象徴的に表現する 08 _____ の庭園。

絵画

大和絵では 09 _____ が土佐派の地位を固め，狩野正信・狩野 10 _____ 親子によって狩野派が誕生した。水墨画では 11 _____ が日本風の水墨画を大成した。

大和絵	周茂叔愛蓮図	狩野正信の筆。
	大徳寺大仙院花鳥図	狩野 10 _____ の筆といわれる。
水墨画	四季山水図巻	周文の弟子である雪舟の筆。雪舟は明にわたり中国の水墨画の技術を学んだため，その影響がみられる。

芸能

● 茶道：南北朝時代より流行していた茶寄合や闘茶に対し，12 _____ が娯楽性を排除し禅の精神を取り入れた侘茶を創始した。

● 花道：京都の池坊専慶によって，立花の様式が有名になった。

● 演劇：能の合間に演じられた狂言が民衆に受け入れられた。

THEME 中世 室町文化②

応仁の乱後（戦国）の文化

文化人が応仁の乱で荒廃した京都から地方に移り，文化の地方普及が強まった。

文学・教育

●高等教育：

> 後年，フランシスコ=ザビエルによって「坂東の大学」と称された。

- 01 _____ …下野国にあった儒学・易学の学校を，15世紀中ごろに関東管領の上杉憲実が再興。
  全国から武士や禅僧が集まり高等教育が行われた。

- 禅僧の活動…荒廃した京都を離れた禅僧たちによって，文化が地方にも伝わった。

桂庵玄樹	薩摩の島津氏などに招かれ儒学の講義をひらき，薩南学派の祖となった。
万里集九	中部・関東地方などをめぐり漢詩文を残した。

文化の地方普及

雪舟（山口）
足利学校
万里集九（江戸など）
一条兼良（奈良）
桂庵玄樹（鹿児島など）

●民間教育：地方の武士の間で，子どもを寺院に預けて初等教育を受けさせる習慣が定着した。教科書には『庭訓往来』や『御成敗式目』が用いられた。

●文学・芸能：連歌を職業とする連歌師が諸国をめぐったり，小歌（流行歌謡）の歌集が編纂されたりするなど，文学や芸能が広く普及した。また，このころ念仏踊りと風流踊りが結びつき盆踊りが定着した。

連歌集	『犬筑波集』	宗鑑が著した連歌集。宗鑑は自由な気風をもつ俳諧連歌を確立し，近世の俳諧に影響を与えた。
歌集	『閑吟集』	小歌（流行歌謡）を集めた歌集。
辞書	『節用集』	15世紀につくられた国語辞典。16世紀に奈良の商人によって刊行された。

No.
日本史探究
ADVANCED JAPANESE HISTORY

THE LOOSE-LEAF STUDY GUIDE
FOR HIGH SCHOOL STUDENTS

THEME 室町文化②

宗教

● **禅宗**：五山が幕府の衰退とともに衰える一方，林下とよ
ばれる五山に属さない在野の禅宗諸派の活動が活
発になった。

> **発展**
> 代表的な林下の寺院としては，臨済宗
> では一休宗純の所属した大徳寺，曹洞
> 宗では総本山の永平寺があげられる。

● **日蓮宗**：東国を中心に信者を増やしていった日蓮宗は，室町時代になると京都に進出。日親は京都で
他宗の批判を行ったため，足利義教によって迫害された。その後，1532年には法華一揆を
結んで一向一揆と争い，京都の町政を運営するようになった。

天文法華の乱	1536 年	日蓮宗と対立する比叡山延暦寺の衆徒が，京都の日蓮宗を襲撃した。日蓮宗寺院が破壊され，日蓮宗は数年の間京都から追い出された。

● **浄土真宗（一向宗）**：02 _____ が平易な文章（御文）による布教を行い，近畿・東海・北陸地方の
民衆に受け入れられた。やがて各地で一向一揆とよばれる信者の集団が生まれ，
大名や領主と対立するようになった。

加賀の一向一揆	1488 ～ 1580 年	加賀の一向一揆は守護大名の富樫政親を滅ぼし，織田信長に平定されるまで約100年にわたり加賀国を支配した。

● **神道**：京都で 03 _____ が，反本地垂迹説にもとづいた唯一神道を創始した。
  └ ●神を仏の化身とする本地垂迹説に対し，
    仏が神の化身であるとする考え方。

THEME　中世　**戦国時代のはじまり**

この時代のおもなできごと

将軍	年代	おもなできごと
足利義教	□ 1429	01 _____ によって琉球王国が建国される
義勝 義政	□ 1457	蝦夷地でコシャマインが蜂起する
	□ 1467	応仁の乱がはじまる（〜 1477）
義尚		
義稙・義澄	□ 1493	北条早雲が伊豆の堀越公方を滅ぼす
	□ 1510	朝鮮で 02 _____ がおこる➡日朝貿易が衰退
義晴	□ 1523	中国で 03 _____ がおこる➡大内氏が日明貿易を独占
義輝	□ 1565	足利義輝が松永久秀に討たれる
義栄		
義昭	□ 1573	織田信長が足利義昭を京都より追放（室町幕府の滅亡）

北条早雲

戦国時代

戦国大名の登場

応仁の乱のころから，身分が下の者が実力で上の者をしのぐ下剋上の風潮が強まり，守護大名のみならず，守護代や国人などから身をおこし独自に国を支配する者があらわれた。これを戦国大名という。

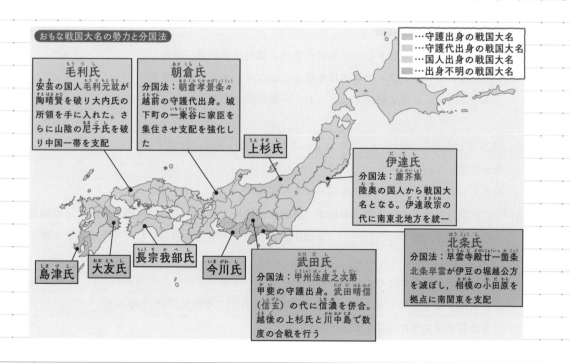

おもな戦国大名の勢力と分国法

■…守護出身の戦国大名
■…守護代出身の戦国大名
■…国人出身の戦国大名
■…出身不明の戦国大名

毛利氏
安芸の国人毛利元就が陶晴賢を破り大内氏の所領を手に入れた。さらに山陰の尼子氏を破り中国一帯を支配

朝倉氏
分国法：朝倉孝景条々
越前の守護代出身。城下町の一乗谷に家臣を集住させ支配を強化した

上杉氏

伊達氏
分国法：塵芥集
陸奥の国人から戦国大名となる。伊達政宗の代に南東北地方を統一

北条氏
分国法：早雲寺殿廿一箇条
北条早雲が伊豆の堀越公方を滅ぼし，相模の小田原を拠点に南関東を支配

武田氏
分国法：甲州法度之次第
甲斐の守護出身。武田晴信（信玄）の代に信濃を併合。越後の上杉氏と川中島で数度の合戦を行う

島津氏　大友氏　長宗我部氏　今川氏

THEME **戦国時代のはじまり**

●戦国大名の支配体制：戦国大名は幕府や朝廷の規則に縛られず，独自の政策や法によって国を支配した。

- 04＿＿＿＿＿
  …戦国大名が独自に定めた法令。

	氏	内容
塵芥集	伊達氏	04＿＿＿＿＿のうちもっとも条項が多い
甲州法度之次第	武田氏	喧嘩両成敗など規定
早雲寺殿廿一箇条	北条氏	生活の心得などを記す
朝倉孝景条々	朝倉氏	家臣の一乗谷への集住などを規定
大内氏掟書	大内氏	軍役などを規定

- 05＿＿＿＿＿制…新しく支配下に入れた国人や地侍などを，有力家臣の配下とする制度。
- 06＿＿＿＿＿制…家臣の取得する土地の収入を銭に換算した単位で評価し，それに応じて軍役を負担させる制度。

都市の発展

●自由都市：富裕な商工業者たちが自治を行った都市。36人の07＿＿＿＿＿によって運営された堺，12人の08＿＿＿＿＿によって運営された博多などがある。
●城下町：戦国大名の城下で発展した都市。
●門前町：寺院の門前に開かれた市から発展した都市。
●寺内町：浄土真宗（一向宗）の道場を中心に形成された都市。

おもな城下町	
自由都市	堺
	博多
	平野
城下町	小田原
	府中
	春日山
	山口
門前町	宇治・山田
	長野
寺内町	石山
	金沢
	富田林

周辺諸国の動向

●北海道：和人が北海道（蝦夷ヶ島）の南部に進出。渡島半島に館（道南十二館）を築き，アイヌを圧迫することになり，アイヌの大首長コシャマインによる蜂起がおこった。➡蠣崎氏が制圧。
└江戸時代に松前氏に発展。

●琉球：1429年に中山王の01＿＿＿＿＿によって三山が統一され，琉球王国が誕生した。
➡東アジアと東南アジアの中継貿易によって繁栄。

●中国：6代将軍足利義教による貿易再開後，幕府の衰退にともない貿易の実権は守護大名の細川氏と大内氏に移る。➡03＿＿＿＿＿で細川氏と大内氏が争い，勝利した大内氏が貿易を独占。

└朝鮮に設けられた富山浦・乃而浦・塩浦という3つの港。
●朝鮮：朝鮮には日朝貿易のための三浦が開かれ，そこに倭館が置かれた。対馬の09＿＿＿＿＿氏が日朝貿易を統制するようになったが，1419年の応永の外寇で中断し，1510年に02＿＿＿＿＿がおこると貿易は次第に衰退した。

No.

Date

日本史探究
ADVANCED JAPANESE HISTORY

THE LOOSE-LEAF STUDY GUIDE
FOR HIGH SCHOOL STUDENTS

THEME 近世 **ヨーロッパ人の来航・織田信長の統一事業**

この時代のおもなできごと

将軍	年代	おもなできごと
足利義晴	☐ 1543	種子島に漂着したポルトガル人により 01 _____ が伝わる
義輝	☐ 1549	02 _____ によってキリスト教が伝わる
	☐ 1560	03 _____ の戦いで織田信長が今川義元を破る
義栄		
義昭	☐ 1570	04 _____ の戦いで織田信長が浅井・朝倉の連合軍を破る
	☐ 1571	織田信長が延暦寺を焼打ちする
	☐ 1573	織田信長が 05 _____ を京都より追放（室町幕府の滅亡）
	☐ 1575	織田信長が 06 _____ の戦いで武田勝頼に勝利する
	☐ 1580	石山合戦が終結する
	☐ 1582	織田信長が京都滞在中に討たれる（07 _____ ）

鉄砲とキリスト教の伝来

大航海時代

ヨーロッパ諸国がキリスト教の布教や貿易の拡大を求めて世
界に進出。ポルトガルがインドのゴア・中国のマカオ・マレー
シアのマラッカ，スペインがフィリピンのマニラを拠点にア
ジアへ進出した。

● 01 _____ の伝来：1543 年。中国人倭寇（王直）の船
が九州南方の種子島に漂着し，乗船
していたポルトガル人によって日本
に伝わる。

➡ その後急速に日本各地に広まり，生産地ができた。
└● 和泉の堺，紀伊の根来や雑賀，近江の国友など。

大航海時代のおもな航路の拠点

マドリード　長崎
リスボン　ゴア　マカオ
大西洋　マニラ
インド洋　マラッカ
喜望峰

キリスト教の伝来

日本への布教を志したイエズス会士の 02 _____ が，ゴアとマカオを経て 1549 年鹿児島に到着。
その後宣教師があいついで来日し，布教を行った。

THEME ヨーロッパ人の来航・織田信長の統一事業

●南蛮貿易：宣教師と同時に，ポルトガルやスペイン商人が来日し貿易が行われた。

輸入	鉄砲・火薬・毛織物・中国産の生糸　など	輸出	銀・刀剣・硫黄・工芸品　など

●キリシタン大名：キリスト教の教えにひかれたり，南蛮貿易の利益を求めたりしてキリスト教に改宗した大名。

代表的なキリシタン大名

有馬晴信・大村純忠・大友義鎮（宗麟）	九州の大名。1582年にローマ教皇のもとに天正遣欧使節を派遣。
高山右近	秀吉のバテレン追放令や家康の禁教令に反抗し，国外追放された。
小西行長	朝鮮出兵で活躍したが，関ヶ原の戦いで敗れ斬首された。

織田信長の天下統一事業

織田信長

天下統一事業

| 1560年 | 03 | の戦い | 駿河の今川義元を破った。 |

●上洛：1568年に足利義昭を奉じて入京し，近畿地方に勢力をのばす。

1570年	04	の戦い	越前の朝倉義景と近江の浅井長政を破り北陸地方に進出。
1570〜1580年	石山合戦	大坂の石山本願寺を本拠地とする浄土真宗（一向宗）の顕如（光佐）と長期に争う。最終的に講和し，一向宗は石山を退去。
1571年	延暦寺焼打ち	最大の寺社勢力である比叡山延暦寺を焼打ちした。

●将軍追放：1573年に 05 を京都から追放。これにより室町幕府が滅ぶ。

| 1575年 | 06 | の戦い | 三河の徳川家康と連合軍を結成し，甲斐の武田勝頼を破った。 |

鉄砲隊の活躍で有名。

●安土城築城：1576年に琵琶湖畔に安土城を築城開始。天下統一の拠点とした。

| 1582年 | 07 | | 中国地方の毛利氏を攻略する途中，京都の本能寺で家臣の明智光秀に討たれた。 |

商業政策

織田信長は経済を活性化させるための政策を実施した。

●検地：家臣に田畑の面積を調査・報告させる指出検地を行った。

●要地の直轄化：貿易港の堺など，経済的に重要な場所を直轄化した。

●08 ：座の特権を廃止して自由な商業活動を認めた。

美濃加納や安土城下などに出された。

●関所の廃止：領国内の関所を廃止し，商人が自由に通交できるようにした。

No.

日本史探究
ADVANCED JAPANESE HISTORY

Date

THE LOOSE-LEAF STUDY GUIDE
FOR HIGH SCHOOL STUDENTS

THEME 近世 豊臣秀吉の統一事業

この時代のおもなできごと

年代	おもなできごと
☐ 1582	織田信長が京都滞在中に討たれる（本能寺の変）
	01 _____ の戦いで豊臣秀吉が明智光秀を破る
☐ 1583	02 _____ の戦いで豊臣秀吉が柴田勝家を破る
☐ 1584	03 _____ の戦いののち豊臣秀吉と徳川家康らが和睦する
☐ 1587	秀吉が九州を平定する
	秀吉が 04 _____ を出し宣教師を国外追放する
☐ 1588	秀吉が刀狩令を出す
☐ 1590	小田原城が攻略され，北条氏が滅亡する
	秀吉の奥州平定が完了し，全国統一が完成する
☐ 1592	秀吉が朝鮮へ派兵する（05 _____ の役）
☐ 1597	秀吉が再び朝鮮へ派兵する（06 _____ の役）

豊臣秀吉の全国統一事業

豊臣秀吉

豊臣秀吉の統一事業

1582年	01 _____ の戦い	織田信長を討った明智光秀を，京都の郊外で破った。
1583年	02 _____ の戦い	織田信長の重臣柴田勝家を，近江で破った。

●大坂城築城：1583〜88年にかけて，石山戦争の結果一向宗が退去した大坂の石山に城を築いた。

1584年	03 _____ の戦い	徳川家康・織田信雄（信長の子）と尾張で戦い，信雄と講和。秀吉は信長の後継者の地位を確立。

●関白就任：1585年に後陽成天皇の関白に就任すると，惣無事令を出して大名間の戦争停止を命じた。

→ 1587年には惣無事令違反を理由に薩摩の島津氏を攻め九州を平定。

●天皇行幸：1587年に平安京の内裏跡に 07 _____ を建築し，翌年に後陽成天皇を招いた。

●刀狩令：1588年に百姓の武器所有を禁止した。

1590年	小田原城攻め	関東一帯を支配していた北条氏を滅ぼした。

●全国統一：1590年の小田原城攻めの際，東北地方一帯を支配していた伊達政宗ら奥羽の大名が服属し，全国統一がほぼ完了。

●人掃令などによる身分の分離：1591年に武家が百姓になることや，百姓の転業を禁止。翌年には全国の戸口調査を行う。

THEME 豊臣秀吉の統一事業

豊臣秀吉の統治政策

● 08 ＿＿＿＿＿＿：1582年以来検地を行い，土地の面積や生産力を調査した。土地の生産力を，米などの量をはかる「石」という単位であらわしたので，石高制という。

貫高制と石高制のちがい

	貫高制	石高制
目的	家臣にかける軍役の量を決定するため。	大名にかける軍役と，百姓にかける年貢の量を決定するため。
検地の方法	家臣が土地を調査し，大名に報告する（指出検地）。	政権直属の検地奉行が派遣され，全国的に同じ基準・単位で実施。
土地の評価方法	土地の生産力を銭で表示。	土地の生産力を石高で表示。

> 律令国家以来，1段は360歩だったが，このときに1段は300歩となった。

● 度量衡の統一：各地の石高を定めるにあたって，土地の面積を町・段・畝・歩という単位に統一し，枡の容量も京枡に統一した。

● 一地一作人：実際に耕作している農民だけを検地帳に登録して所有権を認め，荘園領主や領家・本家，国人や地頭など複数いた土地の権利者は支配権を失った。

● 兵農分離：刀狩令や人掃令によって，武士や農民の身分が固定された。

豊臣秀吉の対外政策

対キリスト教政策

豊臣秀吉は当初はキリスト教を容認していたが，大村純忠が長崎をイエズス会に寄付していることを知って危機感をもち，キリスト教の抑制政策をはじめた。

● 04 ＿＿＿＿＿＿：宣教師たちに20日以内の国外退去を命じた。

● 26聖人殉教：サン＝フェリペ号事件がきっかけとなり，宣教師と信者が処刑された。

└● 日本に漂着したスペイン船の乗組員が，スペインが領土の拡張に宣教師を利用していると証言した事件。

朝鮮出兵

朝鮮出兵の戦域
- ■ 文禄の役の戦域
- ■ 慶長の役の戦域

1592～ 1593年	05 ＿＿＿の役	漢城（現ソウル）や平壌まで占領したが，朝鮮水軍の李舜臣らの抵抗により，一時撤退した。
1597～ 1598年	06 ＿＿＿の役	明との講和が決裂したため，秀吉は再び朝鮮に出兵。日本軍は苦戦し，半島南西部より侵攻できず，秀吉の死により撤退した。

> 朝鮮ではこの2度の出兵のことを，壬辰倭乱・丁酉再乱という。

明 / 平壌 / 開城 / 碧蹄館 / 漢城 / 朝鮮 / 慶州 / 蔚山 / 泗川 / 釜山 / 名護屋

No.

Date

日本史探究
ADVANCED JAPANESE HISTORY

THE LOOSE LEAF STUDY GUIDE
FOR HIGH SCHOOL STUDENTS

THEME 近世 桃山文化

桃山文化の背景と特徴

織田信長・豊臣秀吉の時代に栄えた豪華・壮大な文化

（担い手）戦国大名・豪商

（特徴）仏教勢力が衰退したため，禅など仏教思想の影響が薄れた。その一方で，戦国大名の台頭や

ヨーロッパ文化の流入によって，新鮮味あふれる文化となった。

南蛮文化

南蛮貿易が盛んになると，宣教師たちを通じてヨーロッパの文化が伝わった。

●学問への影響：ヨーロッパの地理，天文，医学などが日本に伝わった。

●文学への影響：金属製の活字を用いた活字印刷術が伝えられ，キリシタン版・天草版とよばれるロー

マ字による日本語辞書や古典の書籍が出版された。

●文化への影響：南蛮風の衣服や嗜好品などが伝わった。

└→カステラ，パン，コンペイトウ，タバコなどはポルトガル語の外来語で，
このころに伝わったとされる。

（キリスト教の施設）		
南蛮寺（教会堂）	キリスト教の教会堂で，京都や山口など各地につくられた。	
コレジオ	高等教育学校。ヴァリニャーノが豊後府内に設置した。	
セミナリオ	初等教育学校。ヴァリニャーノが安土・有馬に設置した。	

ザビエル以降に来日したおもな宣教師	
01	1556年に来日し，畿内で布教を行う。イエズス会宛ての手紙で堺のようすを紹介。
02	1563年に来日し，京都で織田信長に謁見する。『日本史』を著し当時の日本のようすを紹介。
03	1579年に来日し，有馬晴信・大村純忠・大友義鎮らに使節の派遣をすすめる（天正遣欧使節）。また，日本に金属製活字による印刷術をもたらした。

建築

安土城

●城郭建築：要塞として利用するため山につくられていた城が，行政機関と

しての機能もあわせもつようになり，平地につくられるように

なった。

城郭建築	04	兵庫県にある城郭で，白鷺城ともいう。連立式の天守閣をもつ。
	05	京都にあった城郭。豊臣秀吉や徳川家康が居住した。現存せず，都久夫須麻神社本殿や，西本願寺書院がその一部とされる。
	安土城	滋賀県にあった城郭。織田信長が拠点とした。現存せず。
その他	06	豊臣秀吉が京都に建てた邸宅。現存せず，大徳寺唐門や西本願寺飛雲閣がその一部とされる。
	07	08 が建てた茶室。侘茶の精神を体現した建物といわれる。

美術

●絵画：狩野派の画家らによって，濃絵や水墨画による障壁画が描かれた。
└●金箔などの地に緑青や朱で描いた絵画。

濃絵	09 _____	洛中洛外図屛風
		唐獅子図屛風
	10 _____	智積院襖絵
		松林図屛風
水墨画	狩野山楽	松鷹図
その他	狩野派の画家ら	南蛮屛風

唐獅子図屛風

●彫刻：仏像彫刻が衰退し，建物の欄間などにほどこされる透し彫りの彫刻が発達した。
└●戸や障子を取り付けるための溝が掘られた木材（鴨居）と，
天井との隙間にある板。

芸能

●茶道：戦国時代の武野紹鷗をへて，08 _____ が侘
茶を大成させた。侘茶は戦国大名らの保護を受
け流行し，茶会が盛んにもよおされた。

> 発展
>
> 豊臣秀吉は，1587 年に京都で北野大茶
> 湯とよばれる，身分や貧富の差に関係な
> く参加できる大規模な茶会をひらいた。

●演劇：江戸時代に流行する演劇の原型が誕生した。
・歌舞伎…11 _____ が京都ではじめた阿国歌舞伎が人気となり，女歌舞伎がうまれた。
・人形浄瑠璃…三味線の伴奏にあわせて人形を操る人形劇。

人々の生活

●食生活：このころより朝夕2回だった食事が朝昼夕の3回となった。
●衣服：男女とも小袖を表着とするのが一般的となった。
また，武士の礼装には肩衣と袴を着けた服装が用いられるようになり，江戸時代になると裃
とよばれ武家の服装として定着した。

小袖を着用した女性

肩衣と袴

No.
Date.

日本史探究
ADVANCED JAPANESE HISTORY

THE LOOSE-LEAF STUDY GUIDE
FOR HIGH SCHOOL STUDENTS

THEME 近世 **江戸幕府の成立・幕藩体制**

この時代のおもなできごと

将軍	年代	おもなできごと
	☐ 1590	豊臣秀吉により，徳川家康の領地が東海地方から関東に移される
	☐ 1598	豊臣秀吉が死去する
	☐ 1600	徳川家康と石田三成の対立から 01　　　　　　の戦いがおこる
徳川家康	☐ 1603	徳川家康が 02　　　　　　となる
秀忠	☐ 1614	大坂 03　　　　　　がおこり，徳川家康が大坂城を攻撃
	☐ 1615	大坂 04　　　　　　で豊臣家が滅亡する 武家諸法度（05　　　　　令）が出される
家光	☐ 1635	武家諸法度（06　　　　　令）が出される

徳川家康

徳川家康の統一事業

豊臣秀吉の死後，五大老筆頭の徳川家康の勢力が増大し，豊臣秀頼を主君とし豊臣政権を存続させようとする五奉行の石田三成と対立。多くの大名をまきこんだ戦いに発展した。

五大老と五奉行

五大老	徳川家康・前田利家・毛利輝元・宇喜多秀家・上杉景勝
五奉行	浅野長政・増田長盛・石田三成・前田玄以・長束正家

1600 年 　01　　　　　　の戦い　　徳川家康に対し，石田三成が中心となり毛利輝元を盟主とする連合軍を結成して挙兵し，美濃で激突した。

関ヶ原の戦いに参加したおもな大名

大名	勝利（東軍）	敗北（西軍）
五大老	徳川家康（大将）	毛利輝元（大将）・宇喜多秀家
五奉行	浅野長政	石田三成（指揮官）・長束正家
諸大名	福島正則・黒田長政	小西行長・島津義弘

※合戦に出陣していない大名を含む

●将軍就任：1603 年，京都に上洛し 02　　　　　　　に就任。しかし就任からわずか 2 年で将軍職を子の徳川秀忠に譲った。

1614 ～ 1615 年　**大坂の役**

→豊臣秀頼が京都方広寺に奉納した鐘に「家康」を呪う文言が刻まれていると，徳川家康が非難した事件。

徳川家康は方広寺の鐘銘事件をきっかけに大坂城を攻撃。
1614 年の大坂 03　　　　　・1615 年の大坂 04　　　　　で豊臣秀頼を滅ぼした。

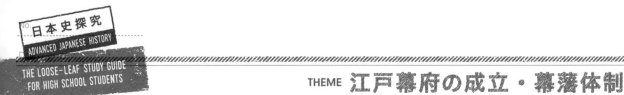
江戸時代初期の政策

徳川家康は将軍職を秀忠に譲ると江戸から駿府に移り，大御所として死去するまで10年あまり政治の実権を握った。

● 武家諸法度（05 [   ] 令）：大名を統制する法令。07 [   ] が起草し，徳川秀忠の名で発布された。その後は将軍の代替わりごとに発布された。

→ 武家諸法度に違反した大名は，改易・減封・転封などの処罰を受けた。有力大名の福島正則は届け出なく城を改築したとして改易され，領地を没収された。

● 一国一城令：大名が所有する城を，原則1つまでとする法令。大名の軍事力削減が目的。

● 武家諸法度（06 [   ] 令）：3代将軍徳川家光の代に出された武家諸法度。大名の経済力削減を目的に，08 [   ] を制度化した。
    └ 江戸幕府が諸大名を定期的に江戸に参勤させた制度。

江戸幕府の職制

徳川家光のころまでに，幕府の職制が整備され幕府の体制が確立した。

● 幕藩体制：最高権力である幕府と，独立した領主権をもつ藩が土地と人民を支配する制度。大名は親藩・譜代・外様に分けられ，親藩や譜代は幕府直轄地の周辺など要所に配置された。

大名の種類		
親藩	徳川氏一門	尾張・紀伊・水戸など
譜代	徳川氏の古くからの家臣	彦根など
外様	関ヶ原の戦い前後に従属	薩摩・長州・加賀など

● 江戸幕府の職制：各役職に数名の譜代大名や旗本がつき，月ごとに交代で政務を行った。

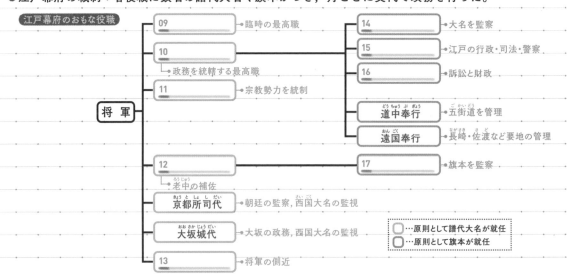

江戸幕府のおもな役職

将軍
- 09 [   ] — 臨時の最高職
- 10 [   ] — 政務を統轄する最高職
- 11 [   ] — 宗教勢力を統制
- 12 [   ] — 老中の補佐
- 京都所司代 — 朝廷の監察，西国大名の監視
- 大坂城代 — 大坂の政務，西国大名の監視
- 13 [   ] — 将軍の側近

- 14 [   ] — 大名を監察
- 15 [   ] — 江戸の行政・司法・警察
- 16 [   ] — 訴訟と財政
- 道中奉行 — 五街道を管理
- 遠国奉行 — 長崎・佐渡など要地の管理
- 17 [   ] — 旗本を監察

◯…原則として譜代大名が就任
◯…原則として旗本が就任

No.
Date
日本史探究
ADVANCED JAPANESE HISTORY

THE LOOSE LEAF STUDY GUIDE
FOR HIGH SCHOOL STUDENTS

THEME 近世 **江戸幕府による朝廷と寺社の統制・寛永期の文化**

この時代のおもなできごと

将軍	年代	おもなできごと
徳川家康	☐ 1601	寺院法度が出され，本末制度が確立される（〜 1616）
	☐ 1603	武家伝奏が置かれる
秀忠	☐ 1611	江戸幕府が後水尾天皇を擁立する
	☐ 1612	直轄領に禁教令が出される
	☐ 1615	朝廷を統制するため 01　　　　　　　　が出される
	☐ 1620	秀忠の娘和子が後水尾天皇に入内する
家光	☐ 1627	紫衣事件がおこる
	☐ 1637	九州の天草・島原地方で島原の乱がおこる（〜 1638）
家綱	☐ 1665	諸宗寺院法度が出される
		神社を統制するため 02　　　　　　　　が出される

朝廷の統制

徳川家康は，豊臣政権と同様に朝廷の権威を幕府の支配に利用しようとした。

● 後水尾天皇の擁立：徳川家康が朝廷に干渉し，後陽成天皇を退位させ後水尾天皇を擁立した。1620

　　　　年には秀忠の娘和子が後水尾天皇に入内した。

● 武家伝奏の設置：徳川家康の将軍就任と同時に，朝幕間の連絡

　　　　にあたる武家伝奏が置かれ，朝廷を監視する

　　　　任にあたる 03　　　　　　と連絡を取りな

　　　　がら朝廷に指示を与えた。

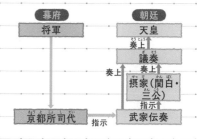

● 01　　　　　　　　　　：天皇や公家が守るべき規則や，朝廷の運営のありかたなどを定めた法令。

　　　　➡ 幕府が朝廷を統制していることが明確になった。

　　　　┌─ 着用に天皇の勅許が必要な僧侶の衣装を，幕府に相談なく贈った。

● 紫衣事件：後水尾天皇が禁中並公家諸法度に違反したことが問題となり，幕府は天皇の勅許を無効

　　　　とした。これに反発した大徳寺の沢庵らは処罰され，後水尾天皇は幕府の同意なしに明

　　　　正天皇に突然譲位した。

　　　　➡ 幕府の法令が天皇の勅許より優先されることが明確になった。

THEME 江戸幕府による朝廷と寺社の統制・寛永期の文化

寺社の統制

- ●本末制度：仏教の宗派ごとに本山（本寺）と末寺を設定し，組織化した。
- ●寺檀制度：すべての人々が檀那寺の檀家になる制度。
- ● 04 _____ ：寺院が寺請証文を発給して，その寺院の檀家であることを証明する制度。

  幕府の禁止するキリスト教や日蓮宗不受不施派の信者でないことを証明するために取

  り入れられ，信仰を調査する 05 _____ によって取り締まられた。
- ● 02 _____ ：1665年に制定された，神社を統制するための法令。

寛永期の文化

幕政が安定した徳川家光のころになると，桃山文化を継承し

つつ新しい傾向を示す文化が生まれた。

- (担い手) 武家・公家などの支配階級，および有力町人
- (中心地) 京都
- (特徴) 貴族的・古典的な美を追求

時代	年代	将軍		おもな文化
江戸時代	17世紀	家康		
		秀忠		
		家光		寛永期の文化
	18世紀	家綱		
		綱吉		元禄文化
		家宣		
		家継		
		吉宗		
		家重		宝暦・天明期
		家治		の文化
	19世紀	家斉		化政文化
		家慶		
		家定		
		家茂		
		慶喜		

建築

06 _____ とよばれる霊廟建築や，数寄屋造とよばれる書

院造に茶室を取り入れた建築様式が流行した。

霊廟建築	日光東照宮
数寄屋造	桂離宮
	修学院離宮

> 徳川家康をまつった霊廟で，代々の将軍が参拝に訪れた。

美術・工芸

- ●絵画：07 _____ が装飾画に新様式を生み出し，また，狩野派が幕府の御用絵師となった。
- ●工芸：有田の陶工 08 _____ が，上絵付の一種である赤絵を完成させた。

絵画	07	『風神雷神図屏風』
	狩野探幽	『大徳寺方丈襖絵』
工芸	08	色絵花鳥文深鉢
	本阿弥光悦	舟橋蒔絵硯箱

(風神雷神図屏風)

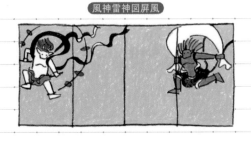

> 本阿弥光悦は工芸以外に絵画・
> 書などにも優れ，京都の鷹ケ峰
> に芸術村をつくった。

No.

Date

日本史探究
ADVANCED JAPANESE HISTORY

THE LOOSE-LEAF STUDY GUIDE
FOR HIGH SCHOOL STUDENTS

THEME 近世 江戸時代初期の外交

この時代のおもなできごと

将軍	年代	おもなできごと
	☐ 1600	オランダ船リーフデ号が豊後に漂着する
徳川家康	☐ 1604	ポルトガル商人が生糸の貿易を独占 ➡ 01 _____ 制度が創設される
秀忠	☐ 1612	直轄領に禁教令が出される
	☐ 1616	中国船を除く外国船の来航を長崎と平戸に制限
	☐ 1623	02 _____ が平戸商館を閉鎖して退去
	☐ 1624	03 _____ 船の来航を禁止する
家光	☐ 1631	奉書船の制度がはじまる
	☐ 1633	奉書船以外の海外渡航が禁止される（鎖国令　寛永十年令）
	☐ 1635	海外渡航・帰国が全面的に禁止される（鎖国令　寛永十二年令）
	☐ 1637	九州の天草・島原地方で 04 _____ がおこる（～ 1638）
	☐ 1639	05 _____ 船の来航を禁止する（鎖国令　寛永十六年令）
	☐ 1641	オランダ商館を長崎の出島に移す

江戸時代初期の外交

● リーフデ号の漂着：1600 年にオランダ船リーフデ号が豊後に漂着。乗船していたイギリス人の
06 _____ （三浦按針）とオランダ人の 07 _____
（耶揚子）が徳川家康の外交顧問となる。

● メキシコとの通商：徳川家康は田中勝介をスペイン領メキシコに，
伊達政宗は支倉常長をスペインに派遣した
が，通商は開けなかった。 └これを慶長遣
欧使節という。

● 朱印船貿易：幕府は商人らに朱印状とよばれる貿易許可証を発給
し，貿易を奨励した。渡海した日本人によってアジ
ア各地に日本町がつくられた。

● 01 _____ 制度：ポルトガル商人による生糸の貿易独占を阻止
するため，特定の商人らに輸入生糸を一括購
入させた。 └はじめは京都・堺・長崎の商人。のちに江戸・
大坂が加わり五カ所商人とよばれた。

おもな日本町
■ 日本町所在地
○ 主要都市
― 朱印船主要航路

THEME **江戸時代初期の外交**

禁教と貿易統制

徳川秀忠・家光の代になると，幕府の貿易利益独占やキリスト教の排除が行われた。

徳川秀忠のときに行われた鎖国政策

●キリスト教：1612年に直轄領でのキリスト教信仰を禁止。翌年には全国に適用した。1614年には
高山右近らを国外追放した。

●貿易の統制：1616年に中国船を除く外国船の寄港地を長崎と平戸に限定。

1624年には 03 _____ 船の来航を禁止した。

踏絵

徳川家光のときに行われた鎖国政策

●キリスト教：寺請制度が開始され，九州地方で絵踏を行うようになった。

1637〜1638年	04 _____	肥前国島原地方と肥後国天草地方で発生した一揆。この地域はキリスト教徒が多く，一揆の首領益田（天草四郎）時貞をはじめ，一揆には多数のキリスト教徒が参加したため，幕府は一揆鎮圧後にキリスト教の弾圧をいっそう強化した。

●貿易の統制：1635年に日本人の海外渡航・帰国を禁止。1639年には 05 _____ 船の来航を
禁止し，1641年には平戸のオランダ商館を出島に移すと，鎖国体制が完成した。

外交秩序の形成

幕府は長崎・薩摩・対馬・松前の４つの窓口で外交を行った。

●中国：徳川家康は明との国交を回復しようとしたが失敗。1644年
に明は滅んで清が中国を支配するが，清とは正式な国交は開
かれず貿易のみが行われた。

●オランダ：居留地は長崎の出島に限定され，来航時に オランダ風説
書 の提出を義務付けられた。
└→海外情勢に
関する報告書。

●朝鮮：1609年，対馬の 08 _____ によって己酉約条が結ばれ国交
が回復。朝鮮から通信使が来日。

●蝦夷：松前藩がアイヌとの交易独占権を認められ，商場（場所）と
よばれる交易地で交易が行われた。

1669年	09 _____ の戦い	不利な取引に不満を抱いたアイヌの人々は首長を中心に蜂起した。松前藩によって鎮圧され，アイヌは松前藩の支配下に入った。

●琉球：1609年に薩摩藩に征服され，日中両方に服属する状態となった。将軍の代替わりごとに
10 _____ が，琉球国王の代替わりごとに 11 _____ が江戸に派遣された。

江戸時代初期の外交秩序

中国（明・清）
朝鮮
蝦夷（アイヌ）
松前藩（松前氏）
日本
対馬藩（宗氏）
長崎
幕府
薩摩藩（島津氏）
琉球
オランダ

―― 貿易関係
―― 使節の来日

No.

日本史探究
ADVANCED JAPANESE HISTORY

Date

THE LOOSE-LEAF STUDY GUIDE
FOR HIGH SCHOOL STUDENTS

THEME 近世 江戸時代の身分と社会

この時代のおもなできごと

将軍	年代	おもなできごと
徳川家光	☐ 1641	寛永の飢饉がおこる（〜 1643）
	☐ 1643	01 ＿＿＿＿＿＿＿＿ が出され，田畑の売買が禁止される
家綱	☐ 1673	02 ＿＿＿＿＿＿＿＿ が出され，田畑の分割相続が制限される
綱吉		
家宣		
家継		
吉宗	☐ 1732	享保の飢饉がおこる
	☐ 1733	江戸で打ちこわしがおこる

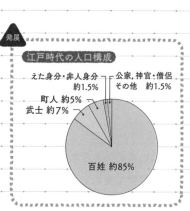

打ちこわし

江戸時代の身分制度

江戸時代の身分は，領地や俸禄のある支配身分と，それ以外の被支配身分で構成された。

支配身分

- ●武士：将軍を頂点とする支配身分。将軍を主君とする大名・旗本・御家人と，大名や旗本を主君とする武士（陪臣）に分かれる。苗字・帯刀などさまざまな特権をもっていた。

> **発展**
> 旗本と御家人は直参や幕臣とよばれ，将軍直属の家臣として扱われた。旗本は将軍への謁見（お目見え）が許されたが，御家人はできなかった。

- ●公家：天皇に仕える上級貴族。摂関家など。
- ●その他：大寺社の僧侶や神官など。

被支配身分

- ●百姓：おもに農業・漁業など生産活動に従事した人々。人口の大部分を占めた。
- ●町人：道具の生産など手工業に従事した職人や，商業に従事した商人などが，町人として三都や城下町に集住した。
- ●その他：修験者，医者，芸能者，日用（肉体労働者）など。
- ●身分の枠に収まらない人々：皮革の加工や刑の執行などに従事した人々はかわた（えた），物乞いや遊芸などに従事した人々は非人とよばれ，住む場所を限定されるなど被支配階級のなかでも差別を受けた。

> **発展**
> 江戸時代の人口構成
>
> えた身分・非人身分 約1.5%
> 公家,神官・僧侶 その他 約1.5%
> 町人 約5%
> 武士 約7%
> 百姓 約85%

THEME 江戸時代の身分と社会

農村と一揆

農村の支配体制

百姓が自治的に村政を運営し，村ごとに一括して年貢を納入する 03 _____ をとった。

また五人組の制度で，各戸が年貢の納入や犯罪に連帯責任を負った。

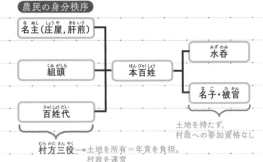

農民の身分秩序

名主(庄屋, 肝煎)
組頭
百姓代
└ 村方三役 ─ 土地を所有＝年貢を負担。
村政を運営

本百姓
├ 水呑
└ 名子・被官
土地を持たず，
村政への参加資格なし

年貢の種類

● 04 _____ ：収穫した米穀を納める。四公六民・五公五民が一般的だった。

● 05 _____ ：山野河海の利用や，農業以外の副業にかけられた雑税。

● 06 _____ ：村高を基準に掛けられた付加税。米穀や貨幣で納めた。
└→検地によって定められた，村全体の石高。

● 07 _____ ：河川の土木工事などの夫役労働。

● 08 _____ ：公用交通のために人足や馬などを提供した。

一揆

農民たちは年貢の負担が重くなると，一揆をむすんで領主に直訴をした。

● 09 _____ 一揆：村方三役などが要求をまとめ，代表として直訴。17世紀後半から。

● 10 _____ 一揆：一般農民層まで一揆に加わり直訴する。規模が大きいものを全藩一揆という。
17世紀末から。

都市部のようす

都市は武家地と町人地に区画が分けられ，町人は町奉行の管理のもと商工業に従事した。

町の身分秩序

町年寄
町名主
月行事
└ 町役人 ─ ＋土地を所有＝町人足役を負担。
町政を運営

町人(家持町人)
├ 地借
└ 店借
土地を持たず，
町政への参加資格なし

町の支配体制

町人地には，地方での村にあたる町という共同体があり，町役人によって運営された。

税の種類

町人には農民のような重い年貢はなかったが，都市機能を支えるための負担を町人足役として課され，労働や貨幣で支払った。

打ちこわし

物価上昇が原因でおこった集団での破壊行為。有力な米問屋などが襲撃された。

No.
Date.

日本史探究
ADVANCED JAPANESE HISTORY

THE LOOSE-LEAF STUDY GUIDE
FOR HIGH SCHOOL STUDENTS

THEME 近世 江戸時代の経済①

農業・林業・漁業

中世以前は自給自足を行う村も多かったが，新田開発や生産量の増加によって生産物を販売する余裕ができ，農村にも貨幣経済が浸透していった。

おもな商品作物

桑（くわ）	絹をつくる蚕の餌（きぬ・かいこ・えさ）
麻・綿（あさ・わた）	糸の原料
油菜（あぶらな）	しぼった油を照明の燃料にする
01	紙の原料
紅花・藍（べにばな・あい）	染料のもととなる
漆（うるし）	漆器の塗料となる
藺草（いぐさ）	畳の材料（たたみ）
たばこ，茶	嗜好品（しこうひん）

農業

江戸時代の産業の中心。17世紀後半以降，農業生産技術が発達すると，余剰米（よじょうまい）を商品として販売したり，余った土地で商品作物を栽培したりするようになった。

林業

木材は建築や土木工事に必要不可欠で，大量に消費された。尾張藩や秋田藩（おわりはん・あきた）では領地で取れる木材を 02 や 03 として商品化した。また，紀伊国屋文左衛門（きのくにやぶんざえもん）のように，材木の卸売（おろしうり）で巨利を得た商人もいた。

漁業

網漁や沿岸漁業が発達した。漁によって得られた魚介類は，近くの都市で売られたり，加工されることで全国に流通したりした。

おもな海産物

鰯・鰊（いわし・にしん）	乾燥させ肥料として利用
鰹（かつお）	鰹節に加工（かつおぶし）
鯨（くじら）	脂肪を照明の燃料や農薬として利用
鮑・ナマコ（あわび）	乾燥させ 04 とする
昆布（こんぶ）	食材として全国に流通

鰹漁のようす

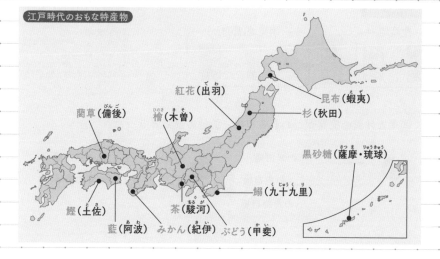

江戸時代のおもな特産物

紅花（出羽）（べにばな・でわ）
昆布（蝦夷）（こんぶ・えぞ）
藺草（備後）（いぐさ・びんご）
檜（木曽）（ひのき・きそ）
杉（秋田）（すぎ・あきた）
黒砂糖（薩摩・琉球）（くろざとう・さつま・りゅうきゅう）
鰯（九十九里）（いわし・くじゅうくり）
鰹（土佐）（かつお・とさ）
茶（駿河）（ちゃ・するが）
藍（阿波）（あい・あわ）
みかん（紀伊）（きい）
ぶどう（甲斐）（かい）

NO.
日本史探究①
ADVANCED JAPANESE HISTORY

THE LOOSE-LEAF STUDY GUIDE
FOR HIGH SCHOOL STUDENTS

THEME 江戸時代の経済①

鉱山業

戦国時代に朝鮮から伝わった灰吹法や，たたら製鉄などの新技術によって，鉱山業が活発になった。主要な鉱山は幕府の直轄地となり，鉱山の周辺には鉱山町が形成された。

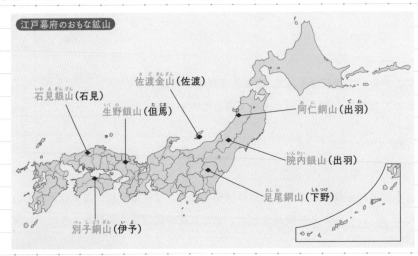

江戸幕府のおもな鉱山

佐渡金山(佐渡)
石見銀山(石見)
生野銀山(但馬)
阿仁銅山(出羽)
院内銀山(出羽)
足尾銅山(下野)
別子銅山(伊予)

商業

社会が安定すると商業が活発になり，全国的な流通網が形成された。
- ●豪商：豊富な資金や大量輸送の手段をもつ商人。戦乱の時代が終わると朱印船貿易などで大きな利益を得たが，鎖国や交通網の整備によって衰退した。
- ●問屋：三都や城下町を本拠地とする商人。生産地から商品を買い付け，都市の仲買に卸売を行うことで発展した。

> 注意
> 大坂や江戸では問屋が連合し，問屋仲間という組織を結成して流通を独占した。
> ・大坂…05　　　　　問屋
> ・江戸…06　　　　　問屋

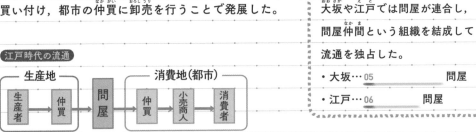

江戸時代の流通

生産地 ── 消費地(都市)
生産者 → 仲買 → 問屋 → 仲買 → 小売商人 → 消費者

- ●卸売市場：問屋と仲買の売買が行われる市場。流通の拠点となった。

大坂
07　　　　　の米市場
08　　　　　の魚市場
09　　　　　の青物市場

江戸
10　　　　　の魚市場
11　　　　　の青物市場

No.

Date.

日本史探究
ADVANCED JAPANESE HISTORY

THE LOOSE-LEAF STUDY GUIDE
FOR HIGH SCHOOL STUDENTS

THEME 近世 **江戸時代前期の政治**

この時代のおもなできごと

将軍	年代	おもなできごと
徳川家綱	☐ 1651	01 _____（慶安の変）がおこる
		大名の家系が絶えないよう，02 _____ が緩和される
	☐ 1657	03 _____（振袖火事）がおこる
	☐ 1663	殉死が禁止される
	☐ 1673	分地制限令が出され，田畑の分割相続が制限される
綱吉	☐ 1683	武家諸法度（天和令）で文治政治への転換が明文化される
	☐ 1684	服忌令が出される
	☐ 1685	最初の 04 _____ が出される
	☐ 1695	元禄小判が発行される
家宣	☐ 1710	宮家の 05 _____ が創設される
家継	☐ 1714	正徳小判が発行される
	☐ 1715	06 _____ を出し貿易を統制

徳川家綱の時代

大名の改易などで牢人が増加し社会問題となったため，幕府は対策を行った。

└─● 主君を失った武士。

01 _____ 　徳川家光の死後，兵学者の由井正雪が牢人らを集めて幕府の転覆を計画。計画は
未遂に終わったが，この事件をきっかけに幕府は牢人対策を実行。

● 将軍の補佐：07 _____（会津藩主）➡ 酒井忠清（大老）

牢人対策

> 50歳未満の大名の
> 養子を許可した。

● 02 _____ の緩和：跡継ぎのいない大名が死の間際に養子をとることを認め，家系が絶えな
いようにした。

● 殉死の禁止：主君が亡くなった際に，後を追って自殺することを禁止した。

災害

● 03 _____：1657 年に江戸でおこった大火事。振袖火事ともいう。市街の 6 割が焼け，江戸
城の本丸も焼失するなど被害は甚大で，復興費用が幕府の大きな負担となった。

徳川綱吉の時代

徳川家綱が死去すると弟の綱吉が5代将軍となり，文治主義の政治をおしすすめた。

- ●将軍の補佐：堀田正俊（大老）➡ 08 _____（側用人）

政策

- ●武家諸法度（天和令）：武家諸法度の第一条の「文武弓馬の道」を「文武忠孝を励まし」に改めた。

  ➡文治主義への転換を明文化。

- ●朱子学の重視：朱子学を木下順庵に学んだ綱吉は，湯島聖堂を建てるとともに林鳳岡（信篤）を大
  学頭に任じた。

- ●仏教・神道の重視：生き物の殺生を禁じる 04 _____ を出すとともに，服忌令を出して忌
  引きの日数を定めるなど，死や血を避ける風潮をつくりだした。

- ●貨幣改鋳：勘定吟味役（のちに勘定奉行）09 _____

  の建議で，財政再建のため質の劣った元禄小判
  を鋳造した。

  ➡貨幣の質が下がったため物価が上昇し，経済
  が混乱。

貨幣改鋳

慶長小判…金の含有率
約84%

銀を混入して小判の
発行量を増やす

元禄小判…金の含有率
約57%

増えた分を
幕府の収入と
する

災害

- ●富士山の噴火：近隣の駿河・相模などに大きな被害をもたらした。

正徳の政治

徳川綱吉が死去すると，綱吉の甥の家宣が6代将軍となった。家宣とその子7代将軍家継の時代は，将
軍を補佐する幕臣が中心となり，文治政治を推進した。

- ●将軍の補佐：10 _____（侍講）・11 _____（側用人）

政策

新井白石

- ●貨幣改鋳：09 _____ を罷免し，貨幣の品質をもとに戻した正徳小判
  を鋳造。

  ➡物価の上昇は止まったが，経済は混乱。

- ● 05 _____ の設置：将軍家の援助により新たに宮家を創設。

  ➡朝廷との結びつきを強めた。

外交

- ●朝鮮通信使の待遇の簡素化：幕府の出費を抑制。

- ● 06 _____ ：オランダ・清との貿易額を制限する法令。貿易による金銀の流出を止めるこ
  とが目的。

THEME 近世 **江戸時代の経済②**

日本史探究
ADVANCED JAPANESE HISTORY

No.
Date.

THE LOOSE-LEAF STUDY GUIDE
FOR HIGH SCHOOL STUDENTS

農業の発展

江戸幕府の財政基盤は農家からの年貢であったため，農業は江戸時代を通じて奨励され発展した。

耕地の増加

新田開発が奨励され，田畑の面積は江戸時代はじめの164万町歩から18世紀はじめには297万町歩と約1.8倍に増加した。これにともない，大名や幕府の年貢収入も大幅に増加した。

農具・肥料の発達

●農具：新しい農具が考案され，生産性が向上した。

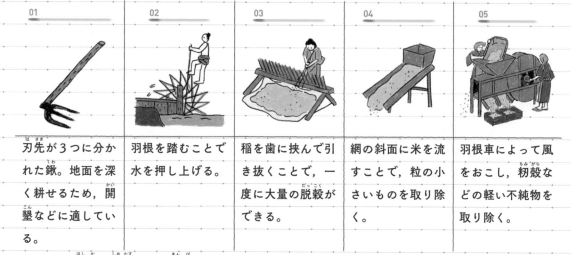

01	02	03	04	05
刃先が3つに分かれた鍬。地面を深く耕せるため，開墾などに適している。	羽根を踏むことで水を押し上げる。	稲を歯に挟んで引き抜くことで，一度に大量の脱穀ができる。	網の斜面に米を流すことで，粒の小さいものを取り除く。	羽根車によって風をおこし，籾殻などの軽い不純物を取り除く。

●肥料：干鰯・〆粕などの金肥が普及し収穫量が向上したが，購入できる者とできない者との間で格差を生むことにもなった。

農書の普及

農書によって，新しい技術や知識，地域の特徴に応じた農産物の栽培方法が紹介された。

おもな農書

『清良記』	17世紀前半の農書。
『農業全書』	06_____の著。17世紀末に刊行された最初の体系的農書。
『農具便利論』『広益国産考』	07_____の著。19世紀に刊行され，地域の実情に応じた作物の栽培方法を紹介。

諸産業の発達

生産形態の変化

江戸時代初期は問屋などの商人が農家から商品を買い付ける農村家内工業が主流。

➡ 18世紀には商人が原料や道具を貸し与えて製品を買い上げる 08 _____ が広まる。

➡ 19世紀になると工場で分業と協業を行う 09 _____ がみられるようになる。

08

18世紀ごろから発達した，商人が原料や道具を貸し与えて製品を買い上げる生産形態。

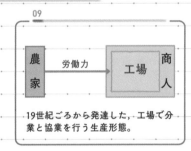

09

19世紀ごろから発達した，工場で分業と協業を行う生産形態。

特産品の発達

醸造品や織物，陶磁器などが大量生産されるようになり，特産品となった。特に京都は高機で織られる 10 _____ のように，高度な技術を擁する業者が集まり，手工業の中心地となった。

おもな特産品

酒	大規模な醸造施設でつくられ，特産品となる。
醤油	
絹織物	高級織物。紬・縮緬など。
綿織物	庶民向けの織物。絣・絞などの技法で装飾された。
麻織物	古来より使用された。晒・縮などの技法で加工された。
漆器	～塗と名づけられ，特産品となる。
陶磁器	～焼と名づけられ，特産品となる。

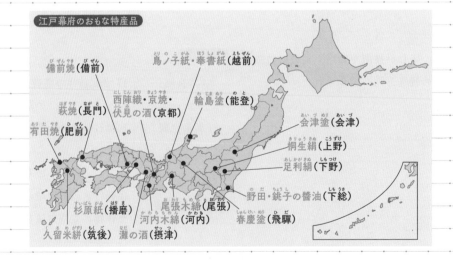

江戸幕府のおもな特産品

備前焼(備前)
鳥ノ子紙・奉書紙(越前)
萩焼(長門)
西陣織・京焼・伏見の酒(京都)
輪島塗(能登)
有田焼(肥前)
会津塗(会津)
桐生絹(上野)
足利絹(下野)
杉原紙(播磨)
尾張木綿(尾張)
野田・銚子の醤油(下総)
河内木綿(河内)
春慶塗(飛騨)
久留米絣(筑後)
灘の酒(摂津)

No.

日本史探究
ADVANCED JAPANESE HISTORY

Date

THE LOOSE-LEAF STUDY GUIDE
FOR HIGH SCHOOL STUDENTS

THEME 近世 江戸時代の経済③

交通の整備

江戸時代の交通網

陸運

参勤交代の制度化によって，江戸と各藩の城下町を結ぶ交通網が整備された。

●街道：城下町など主要な地域を結ぶ幹線道路。道中奉行
が管理する五街道と，脇街道からなり，交通の要
所には 01 _____ がおかれた。

●宿駅：街道に置かれた輸送の拠点。公用交通に用いる人
馬が常備され，宿泊施設として大名らが利用する
02 _____ ・ 03 _____ ，一般旅行者が利用する旗籠屋などが置かれた。

●運送：各宿駅に公用の物流を担う問屋場が置かれ，継飛脚（幕府の荷物の継送り）が行われた。ま
た，宿駅近辺の村には 04 _____ という課役があり，人馬を徴発された。

江戸時代の交通網

陸上交通網	起点	終点
東海道		京都・大坂
中山道	日本橋（江戸）	京都
甲州道中		甲府（甲斐）
日光道中		日光（下野）
奥州道中		白河（陸奥）

水運

軍事上の理由から特定の河に橋をかけることが禁止されたため，物資の輸送には船が活躍
した。

●河川：17世紀はじめに京都の豪商 05 _____ が
鴨川・富士川の整備や高瀬川の開削を行った。

●海運：17世紀後半に江戸の商人 06 _____ が西
廻り海運・東廻り海運を整備し，全国的な流通
網が完成した。
また，江戸と大坂を結ぶ南海路には菱垣廻船や
樽廻船が定期的に運航し，物資を輸送した。

江戸時代の海運

海上交通網	航路	就航した船
西廻り海運	江戸・大坂～日本海沿岸	北前船
東廻り海運	日本海沿岸～津軽海峡～江戸	
南海路	江戸～大坂	菱垣廻船・樽廻船

三都の発展

江戸・大坂・京都は三都とよばれ，政治・経済の中心として大都市に発展した。

江戸

将軍の居城である江戸城，諸藩の大名屋敷や蔵屋敷，旗本・御家人の屋敷が集中し，

「07 _____」とよばれた。町人地にも各地方から商人や労働者が集まり，日本最大の消費地

となった。

大坂

西日本や日本海側の諸藩が蔵屋敷を建て，蔵元・掛屋とよばれる商人

を通じて蔵物を販売した。「08 _____」とよばれ，物資の集散

地として栄えた。

京都

豊臣秀吉が都市機能を整備し，商業や手工業の中心として発展した。

また大寺社の本山が集中していたため，観光地としても栄えた。

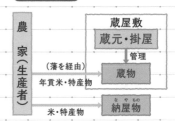

蔵物と納屋物

貨幣制度

貨幣の種類

金貨・銀貨・銭貨の発行は幕府が独占し，品質を管理した。

- ●金貨：大判，小判など。江戸と京都の金座で製造。
  東日本でおもに流通。
- ●銀貨：丁銀・豆板銀など。伏見・駿府（のちに江戸・京都）
  の銀座で製造。西日本でおもに流通。
- ●銭貨：近江坂本などの銭座で製造した寛永通宝が全国に
  流通。
- ●藩札：藩が発行した紙幣。領国内でのみ通用した。

小判　　藩札　　丁銀

寛永通宝

貨幣の流通

金貨と銭貨は貨幣の額面で価値が決まる 09 _____ 貨幣，銀

貨は重さで価値の決まる 10 _____ 貨幣。交換比率は時期に

よって変動した。

- ●両替商：金と銀を交換する本両替と，金・銀と銭を交換する
  銭両替が三都や城下町に店を構えた。
  本両替のなかには，幕府や藩の公金の管理や資金の
  貸付をするものもおり，幕府や諸藩の財政に深くか
  かわった。

金1両の価値

金	銀	銭
1両	0.06貫	4貫
4分	60匁	4000文
16朱	600分	

※金銀銭の交換比率は時期によって変動

No.

日本史探究
ADVANCED JAPANESE HISTORY

Date.

THE LOOSE-LEAF STUDY GUIDE
FOR HIGH SCHOOL STUDENTS

THEME 近世 元禄文化

元禄文化の背景と特徴

17世紀後半から18世紀はじめにかけておこった，幕政の安定と経済の発展を背景とした文化。

担い手 武家・公家などの支配階級，および町人・有力百姓

中心地 文学は上方（大坂・京都）中心

特徴 現世を「浮世」として肯定した，現実的・合理的な精神

時代	年代	将軍		おもな文化
江戸時代	17世紀	家康		
		秀忠		
		家光		寛永期の文化
		家綱		
	18世紀	綱吉		元禄文化
		家宣		
		家継		
		吉宗		
		家重		宝暦・天明期の文化
		家治		
	19世紀	家斉		化政文化
		家慶		
		家定		
		家茂		
		慶喜		

建築

寺院	東大寺大仏殿	
	善光寺本堂	
庭園	後楽園	
	六義園	

> 戦国時代に焼失したが，元禄時代に再建。現在の大仏殿。

東大寺大仏殿

芸能

大衆向けの演劇として，人形浄瑠璃や歌舞伎が盛んになった。

● 人形浄瑠璃：人形遣い辰松八郎兵衛による演技や 01 ＿＿＿＿＿＿＿ による語り（義太夫節）で人気を博した。

● 歌舞伎：江戸・上方に常設の芝居小屋が置かれ，大衆演劇として発達した。

江戸	02	荒事（勇壮な演技）を得意とした。
上方	03	和事（恋愛劇）を得意とした。
	04	女形（女性役）を得意とした。

発展 女性が演じる女歌舞伎や若い男性が演じる若衆歌舞伎は江戸時代初期に禁止され，成人男性が演じる野郎歌舞伎だけが残った。

文学

上方の 05 ＿＿＿＿＿＿ に代表される町人文芸が発達。俳諧の分野では奇抜な趣向の談林俳諧や，松尾芭蕉がおこした幽玄閑寂を重んじる 06 ＿＿＿＿＿＿ が流行。

文芸	05 ＿＿＿＿	『好色一代男』	男女の関係を題材とする好色物。
		『世間胸算用』	町人の経済活動を描写する町人物。
		『日本永代蔵』	
		『武道伝来記』	武家の生活を描いた武家物。
脚本	07 ＿＿＿＿	『曽根崎心中』	恋愛と義理人情をテーマとした世話物。
		『冥途の飛脚』	
		『国姓爺合戦』	明の遺臣が国の再興をめざす話。時代物。
俳諧	松尾芭蕉	『猿蓑』	松尾芭蕉や蕉風俳諧一門の句集。
		『奥の細道』	東北・北陸を経て美濃に至る紀行文。

美術・工芸

●大和絵：朝廷は土佐派の土佐光起を朝廷絵師とし，幕府は住吉派の住吉具慶を御用絵師として登用した。京都では俵屋宗達の画風を取り入れた 08 ＿＿＿＿＿ が琳派をおこした。

●浮世絵：江戸で 09 ＿＿ が浮世絵の版画をはじめた。

●陶芸：京都の野々村仁清が上絵付法をもとに 10 ＿＿＿ を完成させ，京焼の租となった。

●染物：京都で 11 ＿＿＿ が友禅染をはじめた。

絵画	08 ＿＿＿	『紅白梅図屏風』
		『燕子花図屏風』
	住吉具慶	『洛中洛外図巻』
	09 ＿＿＿	『見返り美人図』
	08 ＿＿＿	『八橋蒔絵螺鈿硯箱』
工芸	野々村仁清	『色絵吉野山図茶壺』
		『色絵藤花文茶壺』

> 光琳波とよばれる独特な渦の文様がある。

見返り美人図

> 版画ではなく肉筆画。

紅白梅図屏風

No.
Date

日本史探究
ADVANCED JAPANESE HISTORY

THE LOOSE-LEAF STUDY GUIDE
FOR HIGH SCHOOL STUDENTS

THEME 近世 **江戸時代の学問①**

儒学

「忠孝・礼儀」を尊ぶ儒学（儒教）は，身分制度を基礎とする江戸時代の社会理念の裏づけになるものとして，盛んに研究された。

朱子学

朱子学の大義名分論は，幕府による支配の思想的根拠として重んじられた。幕府や藩は朱子学を武士の基本的な教養と位置づけ，学習や研究を奨励した。

朱子学のおもな学者

	林羅山 —— 林鵞峰 —— 林鳳岡(信篤) ……………… 柴野栗山
京学	藤原惺窩 —— 石川丈山			
	松永尺五 —— 木下順庵	新井白石		
		室鳩巣		
				尾藤二洲
南学	南村梅軒 …… 谷時中 —— 野中兼山		岡田寒泉
		山崎闇斎 —— 浅見絅斎		古賀精里

● 京学：京都五山出身の藤原惺窩を祖とする学派。 01 ＿＿＿＿＿ が徳川家康の侍講として仕えたことで幕府の学問の主流となった。徳川綱吉は 02 ＿＿＿＿＿ を大学頭に任じ，以降代々林家によって世襲された。

● 南学：土佐で南村梅軒によって開かれたとされる学派。山崎闇斎は神道を儒教流に解釈して 03 ＿＿＿＿＿ の考えを打ち立てた。

陽明学

知ることと実行することとは本来一致しなければならないとする思想。●

明で王陽明がはじめた比較的新しい儒学の一派。日本には中江藤樹によってもたらされた。知行合一の立場を取り，『大学或問』で幕政を批判した 04 ＿＿＿＿＿ や，大坂で反乱をおこした大塩平八郎のように，社会の矛盾を正すためなら幕府と敵対する立場もとったため，危険視された。

古学

孔子・孟子などの古典に立ち返ろうとする学派。

古学のおもな学者

聖学	山鹿素行
堀川学派	伊藤仁斎 —— 伊藤東涯
古文辞学派	荻生徂徠 — 太宰春台

● 聖学：古代中国の聖人の思想を研究する学派。開祖の 05 ＿＿＿＿＿ は『聖教要録』で朱子学を批判したため，幕府によって処罰された。

● 堀川学派： 06 ＿＿＿＿＿ が京都堀川に私塾古義堂を開いたことが起源。孔子や孟子を研究し，日常生活の実践倫理を重視した。

● 古文辞学派： 07 ＿＿＿＿＿ が開いた学派。儒学の実証的研究をすすめ，具体的な政治・経済の政策を説く経世論が生まれた。

江戸時代前期・中期の諸学問

儒学の発展により，合理的・実証的研究が発達し，各学問にも影響があらわれた。

歴史学

学者など	主要な著書	業績
徳川光圀	『大日本史』	水戸藩が江戸に彰考館を設け，編纂。江戸幕府滅亡後も編纂は続き，完成は 1906 年。
山鹿素行	『中朝事実』	日本を中朝（中華）ととらえ，皇統の優位性を主張。
林羅山・林鵞峰	『 08 』	神代から後陽成天皇までの歴史を編年体で記述。
新井白石	『 09 』	公家政権を 9 段階，武家政権を 5 段階に区分し，武家政権出現の必然性と徳川政権の正当性を主張。

政治論

学者	主要な著書	業績
04	『大学或問』	君主としてあるべき姿を主張し，幕政を批判。
新井白石	『折たく柴の記』	正徳の政治で行われた政策を記録。
07	『政談』	8 代将軍徳川吉宗の諮問に応えるために政策意見書を著し，武士や庶民を土地に定着させることを主張。
太宰春台	『経済録』『経済録拾遺』	経世論を大成。『経済録拾遺』では藩専売制の利点を実例を交えて主張。

国文学

学者	主要な著書	業績
契沖	『万葉代匠記』	道徳的な解釈を廃し，『万葉集』を文献的に研究。
北村季吟	『源氏物語湖月抄』	源氏物語の注釈書を著す。

自然科学など

学者	主要な著書	業績
貝原益軒	『大和本草』	博物学の一種である本草学を研究。薬の原料となる動植物や鉱物を紹介。
稲生若水	『庶物類纂』	
吉田光由	『塵劫記』	割り算・掛け算を基礎とした和算書を著す。
10	『発微算法』	筆算代数式や円弧の長さを求める計算方法などを研究。
11	貞享暦	それまで利用されていた宣明暦を，天体観測の結果などを加えて修正した。
西川如見	『華夷通商考』	世界の地理を紹介。洋学の先駆となった。
新井白石	『采覧異言』『西洋紀聞』	新井白石が不法入国してきたイタリア人宣教師ヨハン=シドッチを尋問し，西洋の地理や風俗を紹介。

No.
Date
日本史探究
ADVANCED JAPANESE HISTORY
THE LOOSE LEAF STUDY GUIDE
FOR HIGH SCHOOL STUDENTS

THEME 近世 享保の改革

この時代のおもなできごと

将軍	年代	おもなできごと
徳川吉宗	☐ 1716	紀伊藩主の 01 ＿＿＿＿＿ が8代将軍となる
	☐ 1719	相対済し令が出される
	☐ 1721	目安箱が設置される
	☐ 1722	幕府の財政不足を補うため 02 ＿＿＿＿＿ が実施される（1731年に廃止）
	☐ 1723	人材登用策として 03 ＿＿＿＿ の制が定められる
	☐ 1730	幕府が堂島米市場を公認する
	☐ 1732	04 ＿＿＿＿ の飢饉がおこる
	☐ 1742	法令や判令を整理した 05 ＿＿＿＿＿ が完成する
家重	☐ 1758	三卿の制度が確立する

徳川吉宗

享保の改革

7代将軍徳川家継が幼少で死去したため跡継ぎがおらず，三家のひとつである紀伊徳川家の 01 ＿＿＿＿＿ が8代将軍となった。この時期に推進された改革を享保の改革という。

改革の特徴

家綱以来の文治主義の風潮を改め，徳川家康のころの政治を理想とした。

● 将軍権力の復活：吉宗は間部詮房と新井白石を罷免し，側用人も置かず将軍の意見が直接政治に反映されるようにした。

● 士風の引き締め：武芸の奨励を行うとともに，倹約令を出し身分不相応な奢侈を禁止した。

● 実学の奨励：漢訳洋書の輸入制限を緩めるとともに，青木昆陽や野呂元丈にオランダ語を学ばせ，蘭学発展のきっかけをつくった。

発展

徳川家康から分かれた3つの分家を三家，吉宗・家重から分かれた3つの分家を三卿という。
徳川宗家に跡継ぎがない場合，これらから次の将軍がたてられた。

家康の子		吉宗の子		家重の子	
徳川宗家	徳川秀忠	徳川宗家	徳川家重	徳川宗家	徳川家治
尾張徳川家	徳川義直	田安家	田安宗武	清水家	清水重好
紀伊徳川家	徳川頼宣	一橋家	一橋宗尹		
水戸徳川家	徳川頼房				

三家
三卿

人材登用

旗本の 06 ＿＿＿＿＿ を江戸町奉行に抜擢したほか，名主出身の田中丘隅，儒学者の室鳩巣や荻生徂徠
を登用するなど，有能な人材を実務にあたらせた。

● 03 ＿＿＿＿ の制：江戸幕府では，役職についたときの経費は原則として本人が負担していた。その
ため石高の少ない者は重要な役職につけなかったが，就任中に限り石高を加増す
ることで，石高が少ない下級の旗本も重要な役職につけるようにした。

〈在職中の石高〉

足高：在職中に限り，
本来の石高と役高の
差分を幕府が支給

〈本来の石高〉

| 石高 | | 石高 |

役高：役職ごとに
幕府が定めた
石高の基準

財政再建と法典の整備

●相対済し令：民間での金銀貸借に関する訴訟を幕府で受け付けず，当事者間で解決させる制度。

➡行政にかかる費用が削減された。

● 02 ＿＿＿＿：大名に対し，1万石につき100石を幕府に上納させる制度。代償として，幕府は
参勤交代の江戸在府期間を半分にした。

●年貢の増徴：年貢の査定基準を検見法から定免法に変更し，
収入を安定させた。また年貢率の引き上げもは
かった。

検見法	毎年の収穫高をもとに年貢を決定する方法。
定免法	3～10年の収穫量の平均をもとに年貢を課す。ただし大凶作の場合は年貢を減免する。

●新田開発の奨励：江戸日本橋に高札をたてて有力町人の協力
を促し，飯沼新田（下総）や紫雲寺潟新田（越後）がつくられた。

●堂島米市場の公認：大坂堂島の米市場を公認して米の先物取引を行わせ，米価の乱高下を抑制。

● 05 ＿＿＿＿＿ の編纂：裁判の基準を明確にするため，裁判の判例などを集めた法典を制定した。

都市政策

●目安箱：意見を広く取り入れるため，評定所に目安箱を設け，庶民の投書を受け付けた。

➡投書の意見をもとに，貧民のための医療施設である 07 ＿＿＿＿＿ が設立された。

●消防組織：旗本が組織する定火消に加え，町人が組織する 08 ＿＿＿＿ が設置された。

災害

● 04 ＿＿＿ の飢饉：1732年に西日本を中心におこった，うんかの大量発生による飢饉。

➡翌年には江戸で 09 ＿＿＿＿ が発生した。

No.
Date
日本史探究
ADVANCED JAPANESE HISTORY

THE LOOSE LEAF STUDY GUIDE
FOR HIGH SCHOOL STUDENTS

THEME 近世 田沼時代

この時代のおもなできごと

将軍	年代	おもなできごと
徳川家治	□ 1767	田沼意次が側用人となる
	□ 1772	田沼意次が老中となる
	□ 1782	01 _____ の飢饉がおこる（～ 1787）
	□ 1783	工藤平助の『赤蝦夷風説考』が幕府に献上される
		02 _____ が大噴火をおこす
	□ 1784	田沼意次の子の意知が旗本の佐野政言に殺害される
	□ 1785	最上徳内らが蝦夷地の探索を行う
	□ 1786	田沼意次が老中を罷免される
家斉	□ 1787	01 _____ の打ちこわしがおこる

社会の変容

18世紀後半以降，貨幣経済の浸透によって貧富の差が広がり社会問題が発生した。

農村の変化

借金の担保として差し出された土地。

●豪農の出現：村役人などの有力者が，零細農民に土地を耕作させる地主手作を行ったり，質地で小

作経営をしたりして富を蓄積し，地域の経済の中心となった。

小作経営

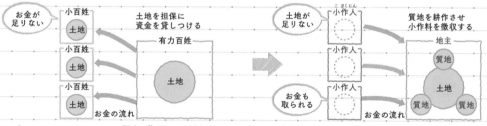

〈江戸時代初期の農村〉

お金が足りない
小百姓 土地
小百姓 土地
小百姓 土地
土地を担保に資金を貸しつける
有力百姓 土地
お金の流れ

〈貧富の差が拡大した農村〉

土地が足りない
小作人
小作人
小作人
お金も取られる
質地を耕作させ小作料を徴収する
地主 質地 土地 質地 質地
お金の流れ

●03 _____：零細農民らが村役人の不正を追及し公正な村の運営を求める運動。

●04 _____：株仲間の流通支配に対し，生産地の百姓や在郷商人らがおこした大規模な訴訟。天保

の飢饉前後から畿内を中心に発生した。

都市部の変化

町人地では家持の町人が減少し，出稼ぎのため農村部から流入してきた人々や商家の奉公人が増加。

→多くが棟割長屋などに住む収入の少ない人々だったため,飢饉などで物価が上昇すると生活が困窮し,

打ちこわしなどの行動をおこした。

田沼時代

政策の特徴

18世紀の後半は，9代将軍徳川家重の小姓から出世した田沼意次が実権をにぎっ
た。意次は，年貢収入の増加をめざすとともに，商人が納める営業税や貿易を利用
して，財政の再建をはかった。

田沼意次

経済政策

●貨幣の鋳造：金を中心とする貨幣制度への転換をめざし，計数貨幣である
　　　　　　　05　　　　　　　　　を鋳造した。

南鐐二朱銀

● 06　　　　　　の公認：都市や農村部の職人・商人の組合をひろく公認し，営業税で
　　　　　　　ある 07　　　・ 08　　　　　を徴収した。

●専売制の実施：銅座・真鍮座・朝鮮人参座などを設置し，これらの品物を独占販売
　　　　　　　することで利益を得た。

●新田開発：江戸や大坂の商人から出資をつのり，下総の 09　　　　　と手賀沼の干拓工事を実施。
　　　　　➡利根川の氾濫によって中止となった。

貿易の振興

●長崎貿易の振興：銅や 10　　　　　　の輸出を振興し，金銀の輸入を増やそうとした。
　　　　　┗いりこ（干したナマコ），干し鮑，フカのヒレといった干した海産物を俵に詰めたもの。

●蝦夷地の開発：工藤平助の『 11　　　　　　　　　　　』の主張を取り入れ，ロシアとの交易を計画。
　　　　　➡ 1785年に 12　　　　　　　　による蝦夷地調査が行われた。

災害

● 01　　　　　　の飢饉：1782年の冷害にはじまり1787年まで続いた大飢饉。特に東北地方に深刻な被
　　　　　　　害をもたらし，多数の餓死者を出した。
　　　　　┗杉田玄白の『後見草』に，飢饉のようすに関する描写がある。

● 02　　　　　　の大噴火：信濃と上野の国境にある火山が大噴火をおこし，火砕流によって周辺の村
　　　　　　　が大きな被害を受けた。また北関東全域に灰が降り注いで飢饉の原因のひ
　　　　　　　とつとなった。

田沼の失脚

商業を重視したため汚職や賄賂が横行し，また飢饉などの災害も加わり社会の不満が増大。そのような
なかで，田沼意次を重用した10代将軍徳川家治が死去し，後ろ盾を失った田沼は失脚した。

No.

日本史探究
ADVANCED JAPANESE HISTORY

Date

THE LOOSE-LEAF STUDY GUIDE
FOR HIGH SCHOOL STUDENTS

THEME 近世 宝暦・天明期の文化

宝暦・天明期の文化の背景と特徴

18世紀半ばから後半にかけておこった，幕藩体制の動揺を背景とした文化。

担い手 武家・公家などの支配階級，および有力町人・有力百姓

特徴 幕藩体制の動揺に影響を受け，近代的合理主義の導入や古い体制の見直しなどがはかられた。

時代	年代	将軍	おもな文化
江戸時代	17世紀	家康	
		秀忠	
		家光	寛永期の文化
	18世紀	家綱	
		綱吉	元禄文化
		家宣	
		家継	
		吉宗	
		家重	宝暦・天明期の文化
		家治	
	19世紀	家斉	化政文化
		家慶	
		家定	
		家茂	
		慶喜	

教育

民間でも学者や町人らによって私塾が開かれるようになった。また，一般庶民に初等教育をほどこす 01 ＿＿＿＿ が各地に設けられ，民衆文化が発展する基礎がつくられた。

寺子屋のようす

私塾	02 ＿＿＿	18世紀前半に古文辞学派の荻生徂徠が開いた私塾。
	03 ＿＿＿	18世紀前半に大坂町人の出資によって設立。富永仲基や山片蟠桃などの町人学者を輩出。
	04 ＿＿＿	18世紀後半に大槻玄沢が江戸に開いた蘭学塾。

芸能

歌舞伎が隆盛する一方で，人形浄瑠璃が衰退した。

●人形浄瑠璃：18世紀前半に竹田出雲（2世），天明期に近松半二が出て優れた作品を残したが，徐々に歌舞伎に圧倒され，人形を使わない唄浄瑠璃（座敷浄瑠璃）へと変わっていった。

●歌舞伎：江戸を中心に繁栄し，寛政期には江戸三座が栄えた。

発展
中村座・市村座・森田座の3つの芝居小屋を江戸三座という。町奉行所の許可を受け営業していたが，倹約令違反などでたびたび取り締まりを受けた。

THEME 宝暦・天明期の文化

文学

江戸の遊里を描く洒落本や，風刺のきいた絵入りの小説である黄表紙が流行したが，寛政の改革で取り締まられた。また，俳句の形式をかりて社会を風刺する川柳や，ユーモアを主題とした和歌である狂歌が流行した。

洒落本	05	『仕懸文庫』
黄表紙		『江戸生艶気樺焼』
	06	『金々先生栄花夢』
川柳	07 ら	『誹風柳多留』
脚本	竹田出雲（2世）	『仮名手本忠臣蔵』

洒落本や黄表紙の出版が，寛政の改革の出版統制令違反とされ，著者は処罰された。

元禄時代におこった赤穂事件を，『太平記』の登場人物の名をかりて描写した。

美術

版画によって浮世絵が大量生産されるようになり，大衆に普及した。
- ● 08 ＿＿＿：鈴木春信が創始した多色刷りの浮世絵版画。出版業の発達にともない，美人画や役者絵などが流行した。
- ●円山派：円山応挙が創始した日本画の一派。遠近法を取り入れ新画風をおこした。
- ●文人画：専門の画家でない文人がえがいた絵画。江戸時代後期に流行した。

浮世絵	09	当時全盛美人揃
	10	三代目大谷鬼次の奴江戸兵衛
写生画	円山応挙	雪松図屏風
文人画	池大雅・蕪村	11
銅版画	司馬江漢	不忍池図

大首絵の手法を用いた役者絵。

当時全盛美人揃のうち玉屋内花紫　　三代目大谷鬼次の奴江戸兵衛

No.

Date

日本史探究
ADVANCED JAPANESE HISTORY

THE LOUSE-LEAF STUDY GUIDE
FOR HIGH SCHOOL STUDENTS

THEME 近世 **江戸時代の学問②**

洋学

8代将軍徳川吉宗が漢訳洋書輸入を緩和し，青木昆陽と野呂元丈にオランダ語を学ばせたことなどにより，洋学（蘭学）が発展した。

おもな蘭学者

前野良沢 ─┐
杉田玄白 ─┴─ 大槻玄沢 ─┬─ 宇田川玄真 ─┬─ 宇田川榕庵
　　　　　　　　　　　　　└─ 稲村三伯 ─┼─ 箕作阮甫
　　　　　　　　　　　　　　　　　　　　└─ 坪井信道 ─ 緒方洪庵

学者	主要な著書	業績
青木昆陽	『蕃薯考』	飢饉に備えた作物としてサツマイモの栽培を研究。
前野良沢 杉田玄白	『 01 ⎯⎯⎯⎯ 』	オランダ語で書かれた医学書を訳述し，医学に多大な影響を与えた。
大槻玄沢	『蘭学階梯』	蘭学の入門書を著した。
稲村三伯	『ハルマ和解』	最初の蘭日辞書を著した。
渡辺崋山	『慎機論』	1837年のモリソン号事件について，幕府の対外政策を批判した。渡辺崋山・高野長英とも蛮社の獄で処罰された。
高野長英	『戊戌夢物語』	
02	『暦象新書』	ニュートンの万有引力やコペルニクスの地動説を紹介。

国学

18世紀に入ると『古事記』や『日本書紀』の研究がすすみ，日本古来の道を説く国学が生まれた。国学から生まれた復古神道は幕末の尊王攘夷運動の思想的根拠の1つとなった。

おもな国学者

　　　　　　　　　　　　　　┌─ 加藤千蔭
　　　　　　　　　　　　　　├─ 村田春海 ─ 伴信友
　　　　　　┌─ 荷田在満 ─┤
荷田春満 ─┴─ 賀茂真淵 ─┼─ 本居宣長 ─ 平田篤胤
　　　　　　　　　　　　　　└─ 塙保己一

学者	主要な著書	業績
賀茂真淵	『国意考』	古典の研究から儒教や仏教の思想を排除することを主張。
03	『古事記伝』	『古事記』の注釈書。
竹内式部	―	公家たちに尊王論を説く。宝暦事件で幕府に処罰された。
04	『群書類従』	文献の散逸を防ぐため，古典を収集して印刷物とした。
05	『古史伝』	『古事記』『日本書紀』の神代の部分を研究し，復古神道を確立した。
生田万	―	大塩の乱に影響を受け，越後で生田万の乱をおこした。

儒学

幕府の教学として重視された朱子学のほか，18世紀後半になると折衷学派，考証学派が生まれ研究が盛んになった。19世紀には儒学・神道・国学を融合させた水戸学が発展し，幕末の尊王攘夷運動の思想的根拠の1つとなった。

学者	主要な著書	業績
山県大弐	『柳子新論』	江戸で幕政を批判。明和事件によって謀叛の罪を問われ処刑された。
大塩平八郎	—	陽明学者。貧民救済を掲げて大坂で大塩の乱をおこした。
藤田東湖	『弘道館記述義』	水戸学の学者。尊王思想を説き，藩校の弘道館を設立。
06	『新論』	水戸学の学者。攘夷論を主張し，幕末の尊王攘夷運動に影響を与えた。

江戸時代後期の諸学問

生活から生まれた思想

農民や町人など庶民の活動に根差した思想が生まれた。

学者	主要な著書	業績
07	『都鄙問答』	儒教道徳に仏教や神道の教えを加え，庶民向けの学問である心学を創始。
08	『自然真営道』	「万人直耕」の世界を理想とした。
二宮尊徳	—	勤労と倹約によって農村復興をめざす09　　　　とよばれる事業法を提唱した。
大原幽学	—	道徳と経済の調和をめざす性学を説き，先祖株組合という共同体の形成を提唱した。

経世論

学者	主要な著書	業績
10	『海国兵談』	幕府の海防を批判し，寛政の改革で処罰された。
海保青陵	『稽古談』	商売を卑しいものとする考えを批判し，殖産興業を提唱。
本多利明	『経世秘策』	西洋諸国との貿易や，蝦夷地の開発を提唱。
佐藤信淵	『経済要録』	産業の国営化を提唱。

自然科学など

学者	業績
11	江戸で摩擦発電機（エレキテル）の実験を行う。
12	幕府天文方に学び，のちに日本各地の測量を行って大日本沿海輿地全図を作成。
高橋至時	西洋暦を取り入れた寛政暦を作成。
高橋景保	天文方に洋書の翻訳を行う蛮書和解御用を設けた。シーボルト事件に関係し処罰される。

No.

Date

日本史探究
ADVANCED JAPANESE HISTORY

THE LOOSE-LEAF STUDY GUIDE
FOR HIGH SCHOOL STUDENTS

THEME 近世 寛政の改革・鎖国の動揺

この時代のおもなできごと

将軍	年代	おもなできごと	
徳川家斉	□ 1787	天明の打ちこわしがおこる	寛政の改革
	□ 1789	尊号一件がおこる（〜 1793）	
		旗本・御家人救済のため棄捐令が出される	
	□ 1790	朱子学振興のため 01 _____ が出される	
		農民を帰農させるため 02 _____ が出される	
	□ 1792	ラクスマンが根室に来航する	
	□ 1804	レザノフが長崎に来航する	
	□ 1808	長崎にイギリス船が来航し 03 _____ 事件がおこる	
	□ 1825	来航する外国船に対応するため 04 _____ が出される	
家慶	□ 1837	モリソン号事件がおこる	

寛政の改革

松平定信

18 世紀末，混乱した社会を立て直すために，田安家の出身で徳川吉宗の孫にあたる松平定信が老中に就任し，改革を行った。

改革の特徴

田沼意次の政策を改め，貧民救済と風紀の引き締めを重視する政策を実施。

飢饉対策・貧民救済

● 05 _____：凶作に備え，各地に社倉・義倉を設置して穀物を蓄えさせた。

●棄捐令：06 _____ が旗本・御家人に行っていた貸金を放棄させた。

● 02 _____：正業をもたない都市市民に資金を与え，農村に帰ることを奨励した。

●人足寄場：江戸の石川島に，無宿人に職業技術を習得させるための施設を設置した。

●七分積金：町人に町費を節約させ，節約分の 70％を飢饉・災害に備え積み立てさせた。

風紀の引き締め

●出版統制令：幕政批判や風紀を乱す書物を取り締まり，林子平や山東京伝を処罰した。

● 01 _____：湯島の聖堂学問所での朱子学以外

の学問を禁止するとともに，寛政

の三博士を儒官に任じた。
└→柴野栗山・岡田寒泉・尾藤二洲。

発展

> 聖堂学問所は，徳川綱吉が林家の私塾と孔子廟を江戸湯島に移して設立させたもの。1797 年には官立化されて 07 _____ となった。

改革の終了

尊号一件などがもとで，徳川家斉と松平定信の関係が悪化し，定信は老中の職を追われた。
└→光格天皇が父の閑院宮典仁親王に太上天皇の尊号を贈ろうとしたが，松平定信がこれに反対し公家と対立した事件。

THEME 寛政の改革・鎖国の動揺

鎖国の動揺

列強の来航

18世紀末より，外国船が日本に度々来航するようになり鎖国体制をおびやかした。

ロシア	ラクスマン来航	根室に来航したロシア軍人が，漂流民の大黒屋光太夫らを届けるとともに通商を求めた。幕府は入港許可証を与えて帰国させた。
	レザノフ来航	ラクスマンがもち帰った入港許可証を携え長崎に来航。日本側が冷淡な対応をしたため，樺太や択捉島を攻撃。
	ゴローウニン事件	国後島に上陸したロシア軍艦の艦長ゴローウニンを幕府が拘束。ロシアは報復として商人の高田屋嘉兵衛を拘束した。その後，解放された高田屋嘉兵衛の尽力でゴローウニンも解放され，日露関係が改善された。
イギリス	03 _____ 事件	オランダやフランスをめぐる国際情勢を背景にイギリスの軍艦が長崎に侵入した事件。この事件などがきっかけで1825年に 04 _____ が制定された。
アメリカ	モリソン号事件	通商を求めてきたアメリカ商船を，04 _____ にもとづき撃退した。

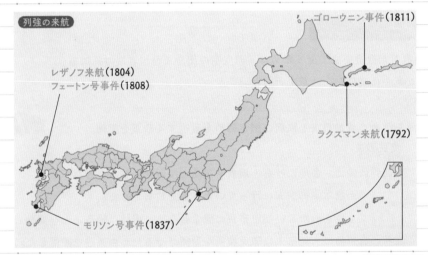

列強の来航

ゴローウニン事件(1811)
レザノフ来航(1804)
フェートン号事件(1808)
ラクスマン来航(1792)
モリソン号事件(1837)

蝦夷地の政策

ロシアへの警戒から，幕府は蝦夷地の探索と直轄化を実施した。

●探索

最上徳内	田沼時代のころに，北方4島の方面を探索。
08 _____	最上徳内らとともに択捉島を探索。
09 _____	樺太とその対岸を探索。

●直轄化：1802年に東蝦夷地を直轄化。レザノフ来航後の1807年には

松前藩と蝦夷地全土を直轄化し，10 _____ を設置した。

ロシアと関係改善後に蝦夷地は松前藩に返還された。

蝦夷地の探索

探査ルート
── 最上徳内 1786年
---- 最上徳内・近藤重蔵 1798〜99年
── 近藤重蔵 1807年
── 間宮林蔵 1808年
---- 間宮林蔵 1808〜09年

サンニー
ラッカ
テト
デレン
間宮海峡
樺太
北知床岬
オホーツク海
真岡
宗谷海峡
利尻島
西蝦夷地
国後島
知床岬
択捉島
得撫島
色丹島
歯舞群島
東蝦夷地
太平洋
松前 松前(福山)

THEME 近世 **大御所時代・天保の改革**

この時代のおもなできごと

将軍	年代	おもなできごと
徳川家斉	□ 1805	治安維持のため 01 _____ が設置される
	□ 1825	来航する外国船に対応するため異国船打払令が出される
	□ 1827	寄場組合が設置される
	□ 1833	02 _____ の飢饉がおこる（～ 1839）
	□ 1837	大坂で 03 _____ がおこる
		モリソン号事件がおこる
家慶	□ 1839	04 _____ で蘭学者が弾圧される
	□ 1841	05 _____ の解散が命じられる
	□ 1842	異国船打払令が緩和される
	□ 1843	農民を帰農させるため 06 _____ が出される
		大名・旗本の領地を接収する 07 _____ が出されるが，撤回される

大御所政治

> 徳川家斉が，将軍職を譲った後も大御所として実権をにぎったことに由来。

徳川家斉のころの政治。しばらくは寛政の改革を継承した政策を行っていたが，その後，質の劣る貨幣を鋳造して放漫財政をしいたため，風紀がゆるんだ。その一方で商業活動は活発になった。

治安対策

農村で貧富の差が広がると江戸周辺の治安が悪化した。そのため幕府は治安維持のため対策を行った。

● 01 _____ ：勘定奉行直属の治安維持組織。関東 8 か国をまわり，領主の区別なく犯罪の取り締まりにあたった。

● 寄場組合：数十か村の合同で治安維持のための組織をつくった。

対外政策

● 異国船打払令：フェートン号事件などの影響から，外国船を撃退するよう通達した。

● モリソン号事件：漂流民送還と通交を求めようとしたアメリカ商船モリソン号を撃退。
　➡ 対応を批判した蘭学者の渡辺崋山・高野長英らを 04 _____ で弾圧した。

災害

大塩平八郎

● 02 _____ の飢饉：1830 年代には冷害や暴風雨などによって，全国的な飢饉にみまわれた。

03 _____ 陽明学者で大坂町奉行所の元与力が，飢饉に対し救民対策をとらない幕府に対しておこした反乱。これに同調して越後では国学者の生田万が蜂起。

THEME **大御所時代・天保の改革**

天保の改革

徳川家斉が死去すると，老中首座の水野忠邦が中心となり，衰えた幕府権力の強化
をはかった。

水野忠邦

政策の特徴

享保の改革や寛政の改革にならい，年貢増徴による幕府財政の再建や風紀の引き締
めをはかった。

経済政策

● 05 ＿＿＿＿＿＿の解散：物価上昇の原因が，一部の商人の商品流通の独占と判断し，解散を命令。

⇒商品流通が破壊され，かえって物価が上昇。

● 06 ＿＿＿＿＿＿：江戸に流入した貧民を，強制的に農村へ帰還させた。

⇒江戸周辺の農村に無宿人や浪人が流れこみ，治安悪化を招いた。

●新田開発：田沼時代に失敗した印旛沼の干拓を再度実施。

⇒水野忠邦失脚で中止。

● 07 ＿＿＿＿＿＿：江戸・大坂周辺の約50万石の土地を幕府の直轄地にしようとした。

⇒譜代大名や旗本の反対により撤回。

風紀の引き締め

●芝居小屋の移転：江戸三座を浅草のはずれに移転させた。

●出版の統制：風紀を乱す書物を取り締まり，為永春水や柳亭種彦を処罰した。

その他

三方領知替

● 08 ＿＿＿＿＿＿：相模の海岸防備を担当させられ財政が悪化していた
川越藩が，豊かな庄内藩への転封を願い出た。これ
を受け幕府は3藩の領知替を命令した。

⇒庄内藩の領民による反対運動によって撤回。

●異国船打払令の緩和：アヘン戦争で清の劣勢を目の当たりにした幕府は，
法令を緩和し薪水給与令を出して外国船に薪や水を与えるよう指示。

酒井家
庄内藩
14万石

転封 ↕ 転封

牧野家		松平家
長岡藩	転封	川越藩
7万石		15万石

水野忠邦の失脚

政策の効果が上がらず民衆の不満が高まるなか，07 ＿＿＿＿＿への反対運動がきっかけとなり，水野忠
邦は老中を退き改革は失敗に終わった。

No.
Date
日本史探究
ADVANCED JAPANESE HISTORY
THE LOOSE-LEAF STUDY GUIDE
FOR HIGH SCHOOL STUDENTS

THEME 近世 **藩政改革と雄藩の台頭**

藩政と幕府

江戸時代における大名は，将軍直属の家臣であるとともに，一国の支配権をもち独自の政策をとることができた。

将軍の家臣としての側面

大名は武家諸法度による統制を受け，違反した場合は改易・転封・減封などの処罰を受けた。

- ●軍役：石高に応じて，将軍のために一定数の兵馬を常備する義務を負った。
- ●参勤交代：妻子の江戸在住を強制されるとともに，江戸と領国を1年交代で往復し，勤務した。
- ●築城の禁止：軍事拠点となる城を築城することは禁止された。

一国の領主としての側面

大名は領地を家臣に与えたり，藩法として法令を定めたりすることができた。

- ● 01 ＿＿＿＿＿：有力な家臣に領地の支配権を与える制度。江戸時代初期に行われた。
- ● 02 ＿＿＿制度：土地は代官に管理させ，家臣には給料として蔵米を支給する制度。転封による領地の入れ替えにも対応しやすく，一般的となった。

17～18世紀初頭の藩政改革

幕藩体制が安定してくると，一部の藩主が儒学者を顧問にして藩政改革を行った。

岡山藩	03	陽明学者の熊沢蕃山を招き儒教をもとにした改革を実施。治水や新田開発を行うとともに，郷校の閑谷学校を設立した。
会津藩	保科正之	甥の4代将軍徳川家綱を補佐して幕政にたずさわる一方，朱子学者の 04 ＿＿＿ を招き，藩政を整えた。
水戸藩	徳川光圀	明から亡命してきた儒学者の 05 ＿＿＿ を招き，『大日本史』の編纂を開始した。
加賀藩	前田綱紀	朱子学者の 06 ＿＿＿ を招き，学問を振興させた。

18世紀後半～19世紀前期の藩政改革

寛政の改革の時期になると，田畑の荒廃や年貢収入の減少に対処するため財政再建を行う藩が出現した。

熊本藩	07	藩校時習館の設立や，櫨の専売制による財政再建を行った。
米沢藩	08	藩校興譲館を再興し，倹約令や商品作物の栽培による財政再建を行った。
秋田藩	佐竹義和	藩校明徳館の設立や，商品作物の栽培による財政再建を行った。

THEME 藩政改革と雄藩の台頭

19世紀における雄藩の台頭

大御所時代や天保の改革の時期になると，経済の変化にあわせた財政政策や身分にとらわれない人材登用によって藩権力の強化をはかり，幕末に政治的影響力をもった雄藩が出現した。

薩摩藩	島津重豪・斉彬	下級武士出身の09 を登用し，借財の整理・黒砂糖の専売による財政再建を行った。島津斉彬が藩主の時期には殖産興業が推進され，洋式の反射炉などが建造された。
長州藩	毛利敬親	10 を登用し，借財の整理や越荷方の設置による財政再建を行った。
肥前藩	鍋島直正	11 を実施して地主から土地を接収し，小作人などに分配した。また大砲製造所を設けて洋式軍事技術の導入をはかった。
土佐藩	12	おこぜ組とよばれる下級武士の団体を藩政改革に登用した。
水戸藩	13	藩校弘道館を設立するとともに，財政再建や海防強化などの藩政改革を実施したが，藩内の保守派の反対などで失敗した。

藩学と藩校

藩は藩士や領民に教育をほどこすため，藩校や郷校を設置した。藩校では朱子学を中心に学習させたが，蘭学や国学を取り入れる藩校もあった。

- ●藩校：藩士やその子弟を教育するための機関。
- ●郷校：藩士や庶民に教育をほどこすための機関。藩や幕府の援助を受けた。

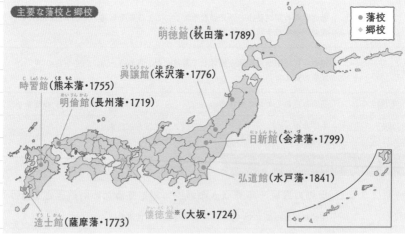

主要な藩校と郷校

●藩校　◆郷校

明徳館（秋田藩・1789）
興譲館（米沢藩・1776）
時習館（熊本藩・1755）
明倫館（長州藩・1719）
日新館（会津藩・1799）
弘道館（水戸藩・1841）
造士館（薩摩藩・1773）
懐徳堂※（大坂・1724）

※懐徳堂は大坂町人の出資によって設立されたのが起源だが，1726年に幕府に認可され半官立の郷校となった。

No.

Date.

日本史探究
ADVANCED JAPANESE HISTORY

THE LOOSE-LEAF STUDY GUIDE
FOR HIGH SCHOOL STUDENTS

THEME 近世 化政文化

化政文化の背景と特徴

19世紀前半になると，都市の発達や民間教育の普及を背景に民衆を基盤とする文化が生まれた。

担い手 中・下層町人

中心地 江戸

特長 大御所時代を中心とする文化の爛熟期に発達した，刹那的・享楽的な色彩が濃い文化

時代	年代	将軍		おもな文化
江戸時代	17世紀	家康		
		秀忠		
		家光		寛永期の文化
	18世紀	家綱		
		綱吉		元禄文化
		家宣		
		家継		
		吉宗		
		家重		宝暦・天明期の文化
		家治		
	19世紀	家斉		化政文化
		家慶		
		家定		
		家茂		
		慶喜		

教育

学者たちによる私塾が広くつくられ，幕末から明治維新期に活躍する人材を輩出した。

私塾	咸宜園	儒学者広瀬淡窓が豊後日田に開いた私塾。
	01	蘭学者緒方洪庵が大坂に開いた蘭学塾。大村益次郎や福沢諭吉らが学んだ。
	02	吉田松陰の叔父が開いた私塾。のちに吉田松陰が主宰し，高杉晋作，伊藤博文，山県有朋らが学んだ。
	03	オランダ商館医として赴任したドイツ人医師シーボルトの診療所兼私塾。高野長英らが学んだ。

民衆文化

経済の発展を背景に，町人の娯楽が盛んになった。

相撲のようす

● 興業

・芝居小屋…歌舞伎や寄席などが上演された。

・縁日と開帳…寺社の境内で行われた宗教的催しが娯楽化。

・富突（富くじ）…寺社が行った，宝くじに似た賞金当て興業。

・相撲…庶民の娯楽として人気で，観覧料をとる勧進相撲も行われた。

● 寺社参詣：伊勢神宮や長野善光寺への参詣が娯楽化した。

● 集会：日の出を待つ日待，月の出を拝する月待，眠らずに夜を過ごす 04 _____ などが，共同飲食を伴う娯楽として行われた。

文学

滑稽さや笑いをテーマに庶民の生活を描く滑稽本，黄表紙の流れをくむ合巻，恋愛ものを扱った人情本が流行した。また，歴史や伝説を題材にした読本も広く読まれた。

滑稽本	05	『東海道中膝栗毛』
	06	『浮世風呂』
合巻	柳亭種彦	『偐紫田舎源氏』
人情本	為永春水	『春色梅児誉美』
読本	07	『南総里見八犬伝』
		『椿説弓張月』
脚本	鶴屋南北	『東海道四谷怪談』
俳諧	小林一茶	『おらが春』
地誌	鈴木牧之	『北越雪譜』

> 著者は風紀を乱したとして天保の改革で処罰された。

美術

このころの浮世絵が開国後に海外に紹介され，ヨーロッパの印象派の画家たちに大きな影響を与えた。

- 浮世絵（錦絵）：民衆の旅が一般化するなかで，風景画が盛んに描かれた。
- 四条派：円山派から分かれた 08　　　　　　　が創始した日本画の一派。

浮世絵	09	富嶽三十六景
	10	東海道五十三次
日本画	08	柳鷺群禽図屏風
文人画	渡辺崋山	鷹見泉石像
洋風画	亜欧堂田善	浅間山図屏風

> 浮世絵の風景画の代表作。

> 蛮社の獄で処罰された渡辺崋山が，親交のあった下総古河藩家老の鷹見泉石を描いたもの。

鷹見泉石像

富嶽三十六景のうち神奈川沖浪裏

東海道五十三次のうち蒲原

No.
Date
日本史探究
ADVANCED JAPANESE HISTORY

THE LOOSE-LEAF STUDY GUIDE
FOR HIGH SCHOOL STUDENTS

THEME 近代 **開国とその影響**

この時代のおもなできごと

将軍	年代	おもなできごと
徳川家慶	□ 1840	01 _____ 戦争がおこる（～ 1842） 黒船
	□ 1842	異国船打払令が緩和される
	□ 1844	オランダ国王が幕府に開国を勧告
	□ 1846	アメリカのビッドルが浦賀に来航
	□ 1853	アメリカのペリーが浦賀に来航
家定		ロシアのプチャーチンが長崎に来航する
	□ 1854	02 _____ 条約が調印される ➡ 日本の開国
	□ 1858	03 _____ 条約が調印される ➡ 自由貿易の開始
家茂	□ 1860	貿易統制のため幕府が04 _____ を出す

安政の改革

開国まで

産業革命で力をつけた欧米列強がアジアへの進出を本格化させ，日本にも開国をせまった。

● 01 _____ 戦争の影響：イギリスが清との戦いで優勢なことを知った幕府は，異国船打払令を緩和し，漂着した外国船には燃料や食料を与えることにした。

● オランダ国王の開国勧告：オランダ国王が 12 代将軍徳川家慶に親書を送り，開国を勧告。
➡ 幕府は鎖国令を祖法として拒否。

● 列強の来航：

アメリカ	ビッドルの来航	アメリカ東インド艦隊司令長官のビッドルが浦賀に来航。通商を要求したが，幕府は拒絶。
	ペリーの来航（1 回目）	アメリカ東インド艦隊司令長官のペリーが浦賀に来航。大統領フィルモアの国書を提出して開国をせまる。幕府は翌年に回答を約束。
	ペリーの来航（2 回目）	開国を強硬にせまるペリーに幕府は屈し，条約を締結。
ロシア	プチャーチンの来航	長崎に来航し，開国と国境の画定を要求。

● 開国：アメリカと同様の条約をイギリス・ロシア・オランダとも結び日本は開国。

		全権	日本：林韑（大学頭）　アメリカ：ペリー
1854 年	02 _____ 条約	おもな内容	(1) アメリカ船への燃料や食料の供給。
			(2) 下田と箱館の開港と領事の在駐。
			(3) アメリカに一方的な最恵国待遇を与える。

開国とその影響

不平等条約の締結

●安政の五か国条約：日本はアメリカと不平等な通商条約を結ぶと，オランダ・ロシア・イギリス・フランスとも類似の条約を結んだ。

1858年	03　　　　　　　条約	全権	日本：岩瀬忠震（幕臣）ら　アメリカ：05
		おもな内容	(1) 神奈川・長崎・新潟・兵庫の開港と江戸・大坂の開市。
			(2) 日本滞在中のアメリカ人への 06　　　　＝治外法権を認める。
			(3) 関税を協定関税とする（07　　　　　　の欠如）。

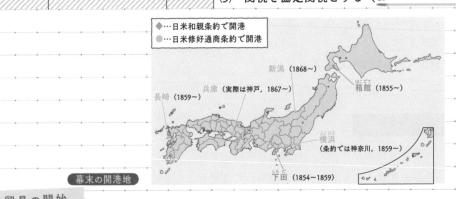

◆…日米和親条約で開港
●…日米修好通商条約で開港

新潟（1868～）

兵庫（実際は神戸，1867～）

箱館（1855～）

長崎（1859～）

横浜（条約では神奈川，1859～）

下田（1854～1859）

幕末の開港地

貿易の開始

●初期の貿易：貿易はおもに横浜でイギリスを相手国として行われた。

輸入	毛織物・綿織物・軍需品など	輸出	生糸・茶・蚕卵紙・海産物など

●金銀比価問題：日本で1：5だった金と銀の交換比率が，海外では1：15だったため日本から大量の金が流出。➡幕府は金の含有率を落とした万延小判を鋳造。

●04　　　　　　　：貿易統制のため，生糸・水油などの輸出は江戸の問屋を通して行うように命令。➡在郷商人などの反対で効果が上がらず。

国内政治

●08　　　　の改革：ペリー来航後，老中阿部正弘は諸大名や幕臣から幅広く意見を取り入れ，江戸に台場を築き，諸大名の大船建造の禁を解くなどの改革を行った。

●将軍継嗣問題：将軍徳川家定が子がいないまま死去したため，紀伊藩主徳川慶福を推す譜代大名らと，三卿の09　　　　　　を推す雄藩が対立。

➡譜代大名の10　　　　　が大老に就任し，徳川慶福が徳川 11　　　　として14代将軍となる。

井伊直弼

No.

Date

日本史探究
ADVANCED JAPANESE HISTORY

THE LOOSE-LEAF STUDY GUIDE
FOR HIGH SCHOOL STUDENTS

THEME 近代 **幕末の動乱**

この時代のおもなできごと

天皇	将軍	年代	おもなできごと
		☐ 1860.3	01 _____ で大老井伊直弼が暗殺される
		☐ 1861.10	和宮降嫁 ➡ 公武合体の実現
		☐ 1862.1	02 _____ で老中安藤信正が負傷する
孝明	徳川家茂	☐ 1863.5	長州藩が外国船を砲撃
		☐ 1863.7	イギリス軍艦が鹿児島湾に侵入 ➡ 03 _____ 戦争がおこる
		☐ 1863.8	04 _____ の政変 ➡ 尊王攘夷派を京都から追放
		☐ 1864.7	05 _____ の変がおこる。第1次長州征討が開始される
		☐ 1864.8	四国艦隊下関砲撃事件がおこる
		☐ 1866.1	06 _____ 連合が成立する
		☐ 1866.5	幕府と列国が改税約書に調印する
		☐ 1866.6	第2次長州征討が開始される
明治	慶喜	☐ 1867.10	07 _____ が行われる ➡ 江戸幕府が政権奉還
		☐ 1867.12	08 _____ が出される ➡ 明治新政府が発足
		☐ 1868.1	鳥羽・伏見の戦いがおこる

文久の改革

尊王攘夷派の弾圧と公武合体政策

吉田松陰

●**安政の大獄**：大老井伊直弼が一橋派の大名と尊王攘夷派を弾圧。越前藩士の橋本左内や，長州藩士の吉田松陰らが捕らえられ刑死。徳川慶喜の父徳川斉昭が謹慎となった。

01 _____ 水戸藩から脱藩した志士らによって，井伊直弼が暗殺された。

●**公武合体**：井伊直弼の死後，安藤信正が老中首座となり推進。孝明天皇の妹和宮を14代将軍徳川家茂の正室とし，幕府と朝廷の結び付きを強めた。

02 _____ 水戸藩から脱藩した志士らによって，安藤信正が負傷させられ，老中を退いた。

●**文久の改革**：薩摩藩主導の政治改革。松平慶永を政事総裁職，徳川慶喜を将軍後見職に置き，京都守護職の設置や参勤交代緩和などの改革を行った。

攘夷の決行と幕末の動乱

● 04 ＿＿＿＿ の政変：薩摩藩と会津藩は三条実美ら急進派の公家と長州藩勢力を京都から追放。

→朝廷では朝議参予に徳川慶喜，松平容保，島津久光ら有力大名を任命し，

その後の政治体制を合議させたがまとまらなかった。

| 05 ＿・＿＿＿ の変 | 池田屋事件をきっかけに，長州藩が京都に攻めのぼったが，会津・薩摩など幕府勢力の兵にやぶれて撤退した。 |

| 第1次長州征討 | 幕府は諸藩を動員して長州に侵攻。長州藩の上層部は幕府に恭順の意を示した。 |

●四国艦隊下関砲撃事件：イギリス・フランス・アメリカ・オランダの艦隊が攘夷の報復を実行した。

	幕府・佐幕派の動向	勤皇派の動向
1863年5月		長州藩が下関で外国船を砲撃
1863年7月	03 ＿＿＿ 戦争➡薩摩がイギリスと交戦	
1863年8月	04 ＿＿＿＿ の政変	
1864年6月	池田屋事件➡新選組が尊攘派の志士を殺害	
1864年7月		05 ＿・＿＿ の変
1864年8月	第1次長州征討➡長州藩は幕府に恭順	四国艦隊下関砲撃事件

大政奉還

● 06 ＿＿＿ 連合の成立：攘夷が不可能であることを悟った薩摩藩が，

元土佐藩士の 09 ＿＿＿＿，中岡慎太郎

を仲介に長州藩に接近。同盟が結ばれた。

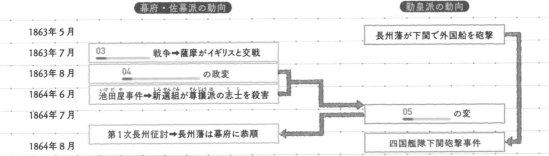

| 第2次長州征討 | 幕府は再び長州に侵攻するが，戦況は幕府軍に不利に展開し，総大将の徳川家茂の死をきっかけに幕府軍は撤退。 |

● 07 ＿＿＿：薩摩・長州藩に 10 ＿＿＿＿ がくだるが，徳川慶喜は両藩が行動をおこす前に

朝廷に政権を返上した。

● 08 ＿＿＿＿：薩摩・長州藩が発した新政府成立宣言。雄藩連合政権が誕生。

●小御所会議：徳川慶喜の官位剥奪と領地の一部返上（辞官納地）を決定。

→反発した徳川慶喜は京都から大坂に引き上げ，年明けに戊辰戦争がはじまった。

	幕府の動向	薩長連合の動向
1866年1月		06 ＿＿＿ 連合が成立
1866年6月	第2次長州征討➡徳川家茂の死去で8月に中止	
1867年10月	07 ＿＿＿＿	薩摩・長州藩に 10 ＿＿＿
1867年12月		08 ＿＿＿＿，小御所会議
1868年1月	鳥羽・伏見の戦い➡戊辰戦争の開始	

No.

日本史探究
ADVANCED JAPANESE HISTORY

Date

THE LOOSE-LEAF STUDY GUIDE
FOR HIGH SCHOOL STUDENTS

THEME 近代 新政府の発足・廃藩置県と地租改正

この時代のおもなできごと

時代	年代	おもなできごと
明治	□ 1867.12	王政復古の大号令が出される ➡ 明治新政府が発足
	□ 1868.1	鳥羽・伏見の戦いがおこる ➡ 01_____ 戦争がはじまる（～ 1869.5）
	□ 1868.3	02_____ が出される ➡ 新政府の基本方針が示される
		五榜の掲示が各地に掲げられる
	□ 1868.4	江戸城が無血開城される。
	□ 1868. 閏4	03_____ が制定され，政治体制が確立
	□ 1868.5	奥羽越列藩同盟が結成される
	□ 1868.9	会津若松城が落城する
		明治に改元される
	□ 1869.1	版籍奉還が行われる
	□ 1869.3	天皇が京都から東京に移る
	□ 1869.5	箱館五稜郭が陥落する
	□ 1871.3	前島密の尽力により郵便制度が発足
	□ 1871.7	廃藩置県が実施される
	□ 1872.9	新橋～横浜間に鉄道が開通
	□ 1873.1	04_____ が出される ➡ 徴兵制が確立
	□ 1873.7	05_____ が公布される ➡ 税が物納から金納に

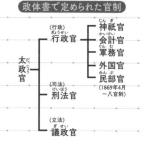

幕藩体制

版籍奉還・廃藩置県後

戊辰戦争と明治初期の政策

01_____ 戦争　鳥羽・伏見の戦いで勝利した新政府軍は，東征軍を組織して徳川慶喜を江戸まで追撃。旧幕臣の勝海舟と新政府の 06_____ の交渉で江戸城の無血開城が実現したが，東北諸藩が奥羽越列藩同盟を結成し，旧幕臣の榎本武揚が北海道の五稜郭を拠点に抵抗した。

明治初期の政治刷新

戦争と並行して，明治新政府は組織の基盤を整えていった。

● 02_____ ：天皇が神に誓う形式で，新政府の基本方針を示す。

● 五榜の掲示：民間向けの掲示で，一揆やキリスト教の禁止など江戸幕府の政策を踏襲。

● 03_____ ：アメリカ合衆国の政治体制を手本に，三権分立制を取り入れた政治体制をつくる。

政体書で定められた官制

```
            （行政）      神祇官
            行政官        会計官
                          軍務官
太政官                    外国官
            （司法）      民部官
            刑法官       （1869年4月
                          ～八官制）
            （立法）
            議政官
```

THEME **新政府の発足・廃藩置県と地租改正**

廃藩置県

戊辰戦争で新政府は幕領を没収したが，藩はまだ残っていたため藩制度の解体を行った。

●版籍奉還：藩の土地や人民を，天皇に返還すること。大名は旧領地の知藩事となり藩政を継続。

●廃藩置県：藩を廃止して県を設置。また，知藩事を罷免し中央政府から 07 ・ 08
　　　　　　を派遣して行政にあたらせた。各藩の抵抗が予想されたため，薩摩・長州・土佐藩で
　　　　　 09 　　　　　　 を組織したが，大きな抵抗はなかった。

●政治体制の整備：版籍奉還後には二官六省制，廃藩置県後には三院制となった。

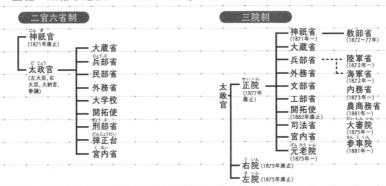

二官六省制

神祇官（1871年廃止）
太政官（左大臣，右大臣，大納言，参議）
- 大蔵省
- 兵部省
- 民部省
- 外務省
- 大学校
- 開拓使
- 刑部省
- 弾正台
- 宮内省

三院制

太政官
- 正院（1877年廃止）
  - 神祇省（1871年〜）── 教部省（1872〜77年）
  - 大蔵省
  - 兵部省 ┈┈ 陸軍省（1872年〜）／海軍省（1872年〜）
  - 外務省
  - 文部省 ── 内務省（1873年〜）
  - 工部省
  - 開拓使（1882年廃止）── 農商務省（1881年〜）
  - 司法省
  - 宮内省 ── 大審院（1875年〜）
  - 元老院（1875年〜）── 参事院（1881年〜）
- 右院（1875年廃止）
- 左院（1875年廃止）

封建制度の解体

身分制度の廃止

・士農工商の四民の身分制度を廃止。平民が
　苗字を名乗ることや異なる身分間での結婚
　を許可し，職業の制限をなくすなどして，
　四民平等という言葉が使われた。

・藩主（知藩事）や公家を華族，藩士らを士
　族，百姓や町人を平民として戸籍が作られ
　た（壬申戸籍）。
　　└─ えた・非人身分など差別を受
　　　　けていた人々も平民同様とし
　　　　たが，実際には差別が続いた。

徴兵制の確立

・長州藩出身の大村益次郎の構想をもとに，
　同じく長州藩出身の山県有朋の主導で
　1873年に 04 　　　　　　 が布告された。

・満20歳に達したすべての男性が徴兵の対
　象となったが，代人料を納めた者や一家の
　跡継ぎなどは除外された。

地租改正

・1871年に田畑勝手作の禁令，1872年には
　田畑永代売買の禁止令を解き，農地の利用
　制限を緩和。

・1872年から従来の年貢負担者に地券を交
　付し，1873年の 05 　　　　　　 によって，
　地価の3％の税を地券の所有者に金銭で支
　払わせるようにした。

・物納中心の年貢から金納の地租になったこ
　とで政府の税収は安定したが，農民の負担
　は変わらなかったので地租改正反対一揆が
　おき，政府は地租を
　地価の2.5％に引き下
　げた。

地券

No.
Date

日本史探究
ADVANCED JAPANESE HISTORY

THE LOOSE-LEAF STUDY GUIDE
FOR HIGH SCHOOL STUDENTS

THEME 近代 殖産興業と文明開化

この時代のおもなできごと

時代	年代	おもなできごと
明治	☐ 1867.12	王政復古の大号令が出される ➡ 明治新政府が発足
	☐ 1868.3	01　　　　　　　が出される ➡ 神仏習合の禁止
	☐ 1868.9	明治に改元される
	☐ 1869.3	天皇が京都から東京に移る
	☐ 1869.7	開拓使が設置される ➡ 翌月に蝦夷地が北海道と改称される
	☐ 1870. 閏10	工部省が設置される
	☐ 1871.3	02　　　　　　の尽力により郵便制度が発足
	☐ 1872.9	新橋～横浜間に 03　　　　　が開通
	☐ 1872.12	太陽暦が採用される
	☐ 1873.2	キリスト教禁止の高札が撤回される

1円切手の肖像画

殖産興業

工部省の政策

長州藩出身の 04　　　　　　が工部卿として就任し，工業化をすすめた。

● 03　　　　　の敷設：1872年に新橋～横浜間，1889年には東京～神戸間が全線開通。

● 鉱山の官営化：佐渡金山や生野銀山など旧幕府直轄の鉱山を接収。

● 軍工廠の整備：東京と大阪に砲兵工廠を開き，旧幕府が建設した横須賀製鉄所を横須賀造船所として整備。

内務省の政策

薩摩藩出身の 05　　　　　　が内務卿として就任し，民間企業の育成に尽力。

● 06　　　　　　の経営：群馬県にフランスの先進技術を導入した製糸工業が設置され，主要輸出品目である生糸の生産拡大がはかられた。

● 内国勧業博覧会の開催：1877年に東京上野で第1回内国勧業博覧会が開催され，発明品や工芸品などが展示された。

北海道の開発

● 開拓使の設置：アメリカ式の大農場制度の移植をはかり，アメリカからクラークを招いて札幌農学校を設立した。

● 07　　　　　制度：平時は開拓に従事し，有事には兵士として戦う人々を北海道の各地に入植させ，ロシアに対する備えとした。

THEME 殖産興業と文明開化

貨幣制度の創設

●新貨条例：1871年制定。円・銭・厘を単位とする十進法
の貨幣制度を採用し，新硬貨をつくった。

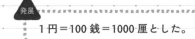

> 発展　1円＝100銭＝1000厘とした。

●不換紙幣の発行：財源に乏しかった新政府は，太政官札，民部省札などの紙幣を発行したが，これ
は金貨や銀貨と交換できない不換紙幣であった。

●国立銀行の創設：兌換銀行券（金貨と交換できる銀行券）を発行させるため，旧幕臣の
08_____らが中心となり1872年に国立銀行条例が制定された。

➡民営の第一国立銀行などが設立されたが，設立の条件が厳しく銀行は増えなかった。

文明開化

●太陽暦の採用：1日を24時間とし，旧暦の1872年12月3日を1873年1月1日とした。

●啓蒙思想：自由主義・個人主義などの西洋近代思想が流行。近代思想の普及のため洋学者らが明六
社を組織し，啓蒙書の出版が盛んに行われた。

啓蒙思想家	主要な著書	業績
09_____	『西洋事情』『学問のすゝめ』	西欧諸国の実情などを紹介。
10_____	『西国立志編』『自由之理』	個人主義道徳を説く。
11_____	『民約訳解』	ルソーの『社会契約論』を抄訳した。
森有礼ら	『明六雑誌』	明六社から雑誌を発行し，西洋思想を紹介。

●新しい文化の流行

> ざんぎり頭

・洋服…官吏や警察の制服として採用され，民間にも普及。

・ざんぎり頭…髪型の自由が認められ，髷を落としたざんぎり頭が流行。

・牛鍋…仏教の教えにより避けられていた肉食が取り入れられ流行。

・ガス灯…電灯が普及するまで，街灯として用いられた。

・鉄道馬車…線路の上にある車を，馬が引く乗り物。

●神道の国教化：新政府は王政復古による祭政一致の立場から，神道
の国教化をはかった。幕末に誕生した新興宗教は教
派神道として公認された。

> 発展
>
> | 教派神道 | |
> |---|---|
> | 教団名 | 教祖 |
> | 天理教 | 中山みき |
> | 黒住教 | 黒住宗忠 |
> | 金光教 | 川手文治郎 |

●仏教の弾圧：01_____により神仏習合が禁止され，廃仏毀
釈とよばれる仏教弾圧がおこった。

●キリスト教の黙認：浦上教徒弾圧事件をきっかけに，キリスト教禁止の高札を撤廃。

> └ 1868年にキリスト教徒であることを公言した長崎浦上の人々を，新政府が捕らえて
> 流罪とした事件。ヨーロッパ各国が政府の処分を批判した。

No.

日本史探究
ADVANCED JAPANESE HISTORY

Date

THE LOOSE-LEAF STUDY GUIDE
FOR HIGH SCHOOL STUDENTS

THEME 近代 明治初期の外交・新政府への反抗

この時代のおもなできごと

時代	年代	おもなできごと
明治	☐ 1871.7	清との間に 01 _____ が結ばれる
	☐ 1871.11	岩倉遣外使節団がアメリカ・ヨーロッパへ出発する（～ 1873.9）
		台湾で琉球漂流民殺害事件がおこる
	☐ 1872.9	琉球に琉球藩が設置される
	☐ 1873.10	征韓論をめぐって 02 _____ の政変がおこる
	☐ 1874.5	日本軍による台湾出兵
	☐ 1875.5	ロシアとの間に 03 _____ 条約が結ばれる
	☐ 1875.9	朝鮮に来航した日本の軍艦が 04 _____ 事件をおこす
	☐ 1876.2	朝鮮との間に 05 _____ が結ばれる
	☐ 1877.2	鹿児島で不平士族たちが蜂起 ➡ 06 _____ 戦争がおこる（～ 1877.9）
	☐ 1879.4	琉球藩が廃され 07 _____ となる（琉球処分）

明治初期の外交

日中関係

1871 年	01 _____	全権	日本：伊達宗城　清：李鴻章
		おもな内容	相互に領事裁判権を認めるなど，明治政府が結んだ最初の対等条約。

● 台湾出兵：台湾での琉球漂流民殺害事件をうけて，日本軍は清領の台湾に出兵。イギリスの調停により撤兵するが，日清関係が悪化。

日露関係

1875 年	03 _____ 条約	全権	日本：榎本武揚　ロシア：ゴルチャコフら
		おもな内容	両国の雑居地だった樺太をロシア領とし，そのかわりとして日本は千島列島を領有。

南西諸島と小笠原諸島

● 琉球：琉球国王尚泰を藩王とする琉球藩を設置したあと，1879年に琉球王国と琉球藩を廃止して 07 _____ を設置。

　➡ 琉球王国の宗主国である清は反発した。

● 小笠原諸島：一時期，欧米系住民が居住していたが，1876 年に領有を宣言。

明治初期の日本の領土

THEME 明治初期の外交・新政府への反抗

日朝関係

- ●征韓論：朝鮮に対し武力を背景に開国を迫る方針。西郷隆盛・板垣退助らが提唱。
- ● 04 _____ 事件：日本の軍艦が朝鮮を挑発した事件。開国を迫り翌年に条約を締結。

| 1876年 | 05 _____ | 全権 | 日本：黒田清隆・井上馨 |
| | | おもな内容 | 日本の領事裁判権や関税免除を認めた不平等条約。 |

新政府への抵抗

新政府によって士族はさまざまな特権を奪われ，政府に対する不満が増大していった。

- ●士族の特権剥奪
  - ・秩禄奉還の法…1873年に制定。希望者に対して秩禄をとめるかわりに一時金を支給。
    - └●江戸時代の俸禄にかわるものとして支給されていた家禄，明治維新の功績として与えられていた賞典禄をあわせて秩禄という。
  - ・ 08 _____ …1876年に実施。金禄公債証書を与えるかわりに，秩禄を廃止。
    - ➡士族は一時金や金禄公債証書を元手に商売をはじめるが，多くは没落（士族の商法）。
  - ・ 09 _____ …1876年に制定。士族の帯刀を禁止。
- ● 02 _____ の政変…征韓論をめぐる政変。欧米視察から帰国した大久保利通らが征韓論を否定すると，征韓論を支持していた留守政府の参議が一斉に下野。
    - ➡士族と結びつき，反乱につながった。

- ●士族の反乱

佐賀の乱	征韓派の参議だった江藤新平が故郷の佐賀でおこした反乱。
敬神党（神風連）の乱	復古的攘夷主義を掲げる熊本の士族たちがおこした反乱。
秋月の乱	福岡県の不平士族たちによる反乱。
萩の乱	征韓派の参議だった前原一誠が山口でおこした反乱。
06 _____ 戦争	西郷隆盛を首領として鹿児島の士族たちがおこした最後の士族の反乱。約半年を費やし政府軍が鎮圧した。

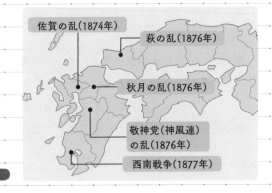

佐賀の乱(1874年)
萩の乱(1876年)
秋月の乱(1876年)
敬神党（神風連）の乱(1876年)
西南戦争(1877年)

士族の反乱

No.

Date

日本史探究
ADVANCED JAPANESE HISTORY

THE LOOSE-LEAF STUDY GUIDE
FOR HIGH SCHOOL STUDENTS

THEME 近代 **自由民権運動**

この時代のおもなできごと

時代	年代	おもなできごと
明治	☐ 1874.1	01 _____ が左院に提出される
	☐ 1874.4	02 _____ らが土佐で立志社を創設
	☐ 1875.1	政府の指導者が 03 _____ を開く（～ 1875.2）
	☐ 1875.2	大阪で愛国社が設立される
	☐ 1875.4	04 _____ で立憲制への移行を宣言
	☐ 1880.3	愛国社のよびかけで 05 _____ が結成される
	☐ 1881.7	開拓使官有物払下げ事件がおこる
	☐ 1881.10	06 _____ の政変がおこる。国会開設の勅諭が出される
		自由党が結成される
	☐ 1882.3	立憲改進党が結成される
	☐ 1887.9	07 _____ 運動がはじまる（～ 1887.12）

板垣退助

松方財政

自由民権運動の開始

明治六年の政変で下野した征韓派参議のうち，02 _____ ・後藤象二郎らが政府左院に

01 _____ を提出し議会の開設を要求。➡自由民権運動がはじまる。

●政社の結成：板垣退助は土佐で片岡健吉らとともに立志社をおこし，翌年には民権派の全国組織を
めざして大阪で愛国社を結成した。

●政府の対応：大久保利通は下野していた木戸孝允と板垣退助を大阪により，03 _____ を開い
た。会議の結果，04 _____ が出された。

●民権運動の取り締まり：政府は 08 _____ ・新聞紙条例を制定して，民権派の政府批判を取り締
まった。また，立志社建白の天皇への提出を却下した。
└ 立志社が作成した国会開設・地租軽減・条約改正などを要求した建白書。

	民権派の動向		政府の動向
1874年1月	01 _____ の提出		
1874年4月	立志社が結成される		
1875年1月			03 _____ が開かれる
1875年2月	愛国社が結成される		
1875年4月			04 _____ が出される
1875年6月			08 _____ ・新聞紙条例が出される
1877年6月	立志社建白が出される		

政府の財政政策

→国立銀行条例の改正により
発行できるようになった。

政府が不換紙幣を発行して費用を調達したり，銀行が金と交換できない不換銀行券を発行したりしたた

め，激しいインフレーションがおこり，政府は対応に追われた。

松方正義

● 松方財政：大蔵卿に就任した松方正義の財政政策。増税を行い，軍事費以外の歳

出を削減。また，中央銀行として 09 ＿＿＿＿＿＿ を設立した。

➡財政は立ち直るがデフレーション（松方デフレ）がおき不況が発生。

民権運動の推移

● 05 ＿＿＿＿＿＿＿＿＿：愛国社のよびかけで結成された，各地の政社を結ぶ組織。

➡政府は 10 ＿＿＿＿＿＿＿ を定めて各地の政社の動きを制限。

→薩摩藩出身の北海道開拓使長官である黒田清隆が，同じく薩摩藩出身の政商五代
友厚に船舶や鉱山などを不当に安い価格で払い下げた事件。

● 06 ＿＿＿＿＿ の政変：開拓使官有物払下げ事件で世論の批判が高まると，政府は世論を誘導し

たとして参議の大隈重信を罷免するとともに，国会開設の勅諭を出して

1890 年に国会を開設することを約束。

● 政党の結党：国会開設の勅諭を受け，板垣退助が自由党を，大隈重信が立憲改進党を結党。

● 騒擾事件：自由党員が松方デフレで困窮した農民ら

と結びつき過激化。

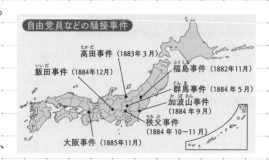
自由党員などの騒擾事件

高田事件（1883年3月）
飯田事件（1884年12月）
福島事件（1882年11月）
群馬事件（1884年5月）
加波山事件
（1884年9月）
秩父事件
（1884年10～11月）
大阪事件（1885年11月）

➡自由民権運動は衰退。自由党は一時解党。

● 運動の復活：星亨らが大同団結を主張し，その後

07 ＿＿＿＿＿＿＿＿ 運動を展開。

→外交失策の挽回，地租軽減，言論集会の
自由を政府に要求する運動。

➡政府は 11 ＿＿＿＿＿ を公布し，民権派を東京か

ら追放した。

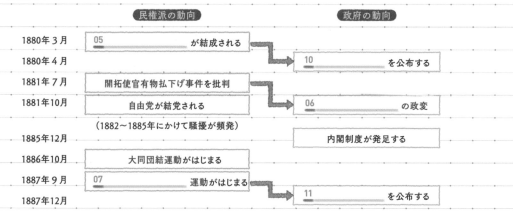

	民権派の動向		政府の動向
1880年3月	05 ＿＿＿＿＿ が結成される		
1880年4月			10 ＿＿＿＿＿ を公布する
1881年7月	開拓使官有物払下げ事件を批判		
1881年10月	自由党が結党される		06 ＿＿＿＿＿ の政変
	（1882～1885年にかけて騒擾が頻発）		
1885年12月			内閣制度が発足する
1886年10月	大同団結運動がはじまる		
1887年9月	07 ＿＿＿＿＿ 運動がはじまる		
1887年12月			11 ＿＿＿＿＿ を公布する

No.

日本史探究
ADVANCED JAPANESE HISTORY

Date

THE LOOSE-LEAF STUDY GUIDE
FOR HIGH SCHOOL STUDENTS

THEME 近代 大日本帝国憲法の制定

この時代のおもなできごと

時代	内閣	年代	おもなできごと
明治	伊藤①	☐ 1884.7	上院設立の準備として 01 _____ が公布される
	伊藤①	☐ 1885.12	伊藤博文を初代総理大臣とし，02 _____ 制度が発足
		☐ 1888.4	市制・町村制が公布される
	黒田	☐ 1889.2	03 _____（明治憲法）が発布される
		☐ 1890.5	府県制・郡制が公布される
	山県①	☐ 1890.7	第1回衆議院議員選挙が行われる
		☐ 1890.11	第1回帝国議会が開かれる

伊藤博文

立憲政体の樹立

憲法の制定

伊藤博文が中心となり，ドイツ人顧問ロエスレルらの助言をもとに井上毅・伊東巳代治・金子堅太郎ら
が憲法の起草にあたった。

- 04 _____：大阪会議の結果設置された立法審議機関。1876年から憲法起草に従事。
- 05 _____：憲法の草案審議のために1888年に設置された機関。憲法施行後は，国政に関する
  天皇の最高諮問機関となる。
- 私擬憲法：政府とは別に民間でつくられた憲法案。

発展

おもな私擬憲法案

私擬憲法案	交詢社
東洋大日本国国憲按	植木枝盛
五日市憲法草案	千葉卓三郎ら

議会開設の準備

- 01 _____：旧大名や公家のほか，国家に功績のあった
  ものも華族となれるようにし，上院（貴族院）の開設に備えた。

内閣制度

- 02 _____ 制度：議会に対応した行政機構とするため，太政官制を廃して制定。

```
                ┌ 大蔵省
                ├ 陸軍省
                ├ 海軍省
          内閣  ├ 外務省
          総理  ├ 内務省
          大臣  ├ 文部省
                ├ 農商務省
                ├ 逓信省
                └ 司法省
```

大審院法制局
宮内省（宮内大臣）
内大臣府（内大臣）
枢密院（1888年～）
帝国議会（1890年～）

地方制度の整備

ドイツ人顧問モッセの助言をもとに，山県有朋が中心となり地方自治制度を整備。

- └→郡区町村編制法，府県会規則，地方税規則の総称。
- **地方三新法**：1878年制定。府会・県会を通じ，ある程度の民意の反映が可能に。
- **市制・町村制**：1888年制定。市長を内務大臣の任命制，町村長を公選制とする。
- **府県制・郡制**：1890年制定。府と県の知事や郡長は政府の官吏から任命，府県
  会の議員の選出は市会議員や郡会議員による間接選挙とした。

THEME 大日本帝国憲法の制定

大日本帝国憲法の発布

1889年2月に 03 _____（明治憲法）が発布され，日本はアジアで初めて近代的な立憲制を
とる国家となった。

憲法の特徴

● 06 _____ 憲法：天皇が定め，
国民に与える
という形式を
とった。

● 天皇大権：天皇は統治権のすべて
を握り，陸海軍の指揮
権は天皇に属した
（ 07 _____ の独立）。

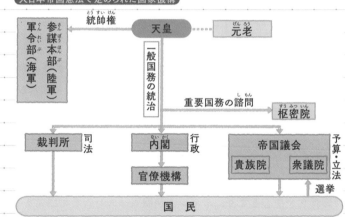

大日本帝国憲法で定められた国家機構

統帥権
軍令部（海軍）　参謀本部（陸軍）
天皇 ‥‥‥‥ 元老
一般国務の統治
重要国務の諮問 → 枢密院
裁判所 司法　内閣 行政　帝国議会（貴族院・衆議院） 予算・立法
官僚機構
選挙
国民

国家の機構

● 帝国議会：天皇の協賛機関で，皇族や華族などで構成される 08 _____ と，選挙で議員が選ばれ
る 09 _____ からなる。両院は対等とされた。総理大臣の黒田清隆は，政府の意向は
政党に左右されないとする超然主義の立場を明確にした。

● 内閣：天皇を補佐する機関で，内閣総理大臣を含む各国務大臣は天皇に対して個別に責任を負った。

● 国民：天皇の臣民であり，法律の範囲内で財産権や言論・出版・集会・結社の自由を認められた。

諸法典の編纂

法典名	特徴
刑法 治罪法	フランス人法学者 10 _____ が起草。フランスの法に影響を受けた法典。
刑事訴訟法	治罪法を改正する形で公布。ドイツ法を参考にしている。
民法	フランス人法学者 10 _____ が起草するが，公布後に穂積八束らが日本の国情に合わないものと批判。11 _____ がおこり施行は延期された。
（修正）民法	戸主権を重視した新民法。一家の長である戸主に強い権利が認められた。
民事訴訟法	ドイツ法を参考に制定。
商法	ドイツ人法学者ロエスレルが起草。
（修正）商法	外国法の模倣の傾向が強かったため，新商法に修正。
皇室典範	皇位の継承や摂政の設置について規則を定めた。国民に公布されなかった。

No.

Date

日本史探究
ADVANCED JAPANESE HISTORY

THE LOOSE-LEAF STUDY GUIDE
FOR HIGH SCHOOL STUDENTS

THEME 近代 **条約改正と日清戦争**

この時代のおもなできごと

時代	内閣	年代	おもなできごと
明治		□ 1882.7	朝鮮半島で大院君を支持する軍隊が 01 _____ をおこす
		□ 1884.12	朝鮮半島で金玉均らが 02 _____ をおこす
	伊藤①	□ 1886.10	ノルマントン号事件がおこり，条約改正の機運が高まる
	黒田		
	山県①		
	松方①	□ 1891.5	03 _____ 事件でロシア皇太子が負傷
		□ 1894.3	朝鮮半島で 04 _____ 戦争がおこる
	伊藤②	□ 1894.7	日英通商航海条約が締結される ➡ 05 _____ の撤廃
		□ 1894.8	日清戦争がはじまる（～ 1895.4）
		□ 1895.4	06 _____ 条約が締結され，日清戦争が終わる
		□ 1895.5	台湾総督府が設置される
	桂②	□ 1911.2	日米通商航海条約が改正される ➡ 07 _____ の回復

ノルマントン号事件

条約改正

明治政府は幕末に結ばれた不平等条約の改正をめざし，改正交渉を行った。

条約改正までの流れ

岩倉具視	1872 ～ 73 年	岩倉遣外使節団として米欧に派遣されるが，断念。
寺島宗則	1876 ～ 78 年	関税自主権の回復交渉を行うが，英・独などの反対により失敗。
08 _____	1882 ～ 87 年	東京日比谷に鹿鳴館を建てて接待するなどの欧化政策を行う。ノルマントン号事件を機に条約改正の機運が高まるが，裁判所における外国人判事の任用をめぐって国内で反対運動がおこり失敗。
大隈重信	1888 ～ 89 年	大審院における外国人判事の任用問題をめぐって，大隈重信が対外硬派団体玄洋社の構成員から襲撃を受け，交渉中断。
青木周蔵	1891 年	英と条約改正をすすめるが，03 _____ 事件により引責辞任。 ► 日本を訪れていたロシアの皇太子ニコライが，津田三蔵巡査に襲撃され負傷した事件。
陸奥宗光	1894 年	英と日英通商航海条約を結び，05 _____ の撤廃に成功。
小村寿太郎	1911 年	米と改正日米通商航海条約を結び，07 _____ の回復に成功。

THEME **条約改正と日清戦争**

初期議会

議会開設後の第一議会から第六議会まで，立憲自由党（1891年より自由党）や立憲改進党などの民党が，立憲帝政党などの吏党政府支持党や政府と，政策をめぐって対立した。

- ●民党の主張：「09 _____」をとなえ，予算の削減と減税を主張。
- ●政府の主張：第1次山県有朋内閣は国境をさす主権線と，朝鮮を含む利益線の防衛のため，軍備の増強を主張。➡立憲自由党の一部を切り崩し，政府は予算を成立させた。
- ●選挙干渉：第1次松方正義内閣は議会を解散し，続く選挙で内務大臣品川弥二郎を中心に民党勢力を弾圧。➡民党は勢力を減らしたが，吏党は巻き返せなかった。

日清戦争

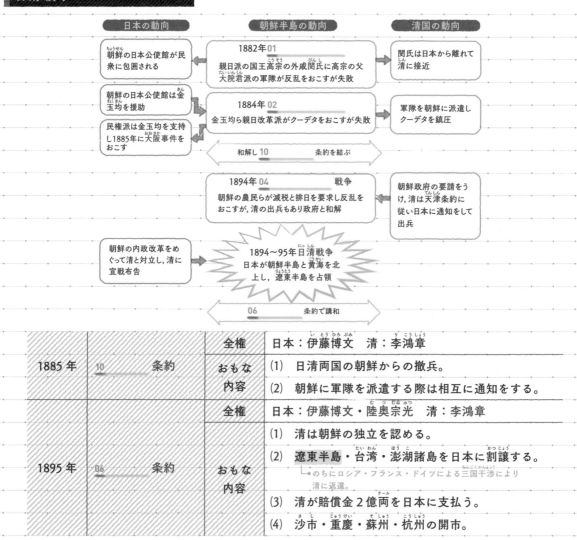

		全権	日本：伊藤博文　清：李鴻章	
1885年	10　　　　条約	おもな内容	(1) 日清両国の朝鮮からの撤兵。	
			(2) 朝鮮に軍隊を派遣する際は相互に通知をする。	
1895年	06　　　　条約	全権	日本：伊藤博文・陸奥宗光　清：李鴻章	
		おもな内容	(1) 清は朝鮮の独立を認める。	
			(2) 遼東半島・台湾・澎湖諸島を日本に割譲する。 └のちにロシア・フランス・ドイツによる三国干渉により清に返還。	
			(3) 清が賠償金2億両を日本に支払う。	
			(4) 沙市・重慶・蘇州・杭州の開市。	

No.

Date .

日本史探究
ADVANCED JAPANESE HISTORY

THE LOOSE-LEAF STUDY GUIDE
FOR HIGH SCHOOL STUUENTS

THEME 近代 **日露戦争**

この時代のおもなできごと

時代	内閣	年代	おもなできごと
明治	伊藤②	☐ 1895.10	朝鮮で閔氏が殺害される
		☐ 1896.3	大隈重信を党首として，01_____が結成される
	松方②		
	伊藤③	☐ 1898.6	01_____と自由党が合同し，02_____が結成される
	大隈①	☐ 1898.8	尾崎行雄が03_____事件をおこす
			➡ 02_____が分裂する
	山県②	☐ 1900.3	集会やデモを制限するため04_____が制定される
		☐ 1900.5	軍部大臣現役武官制が定められる
		☐ 1900.6	05_____がおこり，清が列国に宣戦布告
		☐ 1900.9	06_____を総裁として，立憲政友会が結成される
	伊藤④		
	桂①	☐ 1902.1	イギリスとの間に07_____が調印される
		☐ 1904.2	日本がロシアに宣戦布告し，日露戦争がはじまる
		☐ 1905.9	08_____条約に調印する。日比谷焼打ち事件がおこる。

立憲政友会の成立

日清戦争後，議会は内閣と政党が協調して軍備拡張を行った。

●**民党の合同**：地租増徴案に反対して自由党が進歩党と合同し02_____を結成。
　　　　　衆議院で絶対多数の議席を確保。➡第3次伊藤博文内閣は退陣。

●**隈板内閣**：大隈重信を首相，板垣退助を内相とした第1次大隈内閣が成立。初の
　　　　　政党内閣だったが，尾崎行雄の03_____事件や政党の分裂によ
　　　　　り4か月で退陣。

●**第2次山県内閣**：地租増徴案（2.5% ➡ 3.3%）を可決。政党の影響力をおさえるため文官任用令
　　　　　を改正し，軍部大臣現役武官制を定めた。また04_____を制定し集会や
　　　　　結社の自由を制限した。

●**立憲政友会の成立**：02_____（旧自由党系）が06_____に接近し，立憲政友会が成立。

大隈重信

政党の変遷① ※人物名は党首やそれに準じる者

1881 自由党 板垣退助	解党	1890 立憲自由党 板垣退助	1891 自由党 板垣退助	1898 憲政党 板垣退助・大隈重信	1898 憲政党 板垣退助	1900 立憲政友会 伊藤博文
1882 立憲改進党 大隈重信			1896 進歩党 大隈重信		1898 憲政本党 大隈重信	1910 立憲国民党 犬養毅ら

中国分割

清が日清戦争に敗北すると，欧米列国があいついで中国に進出し租借地を得た。これに対し，1900 年には「扶清滅洋」をとなえる義和団が，北京の列国公使館を包囲した。

清は義和団に同調して 05 _____ をおこしたが，日本や欧米列国は軍隊を派遣して清を降伏させ，北京議定書を結んで軍隊の駐留権などを認めさせた。

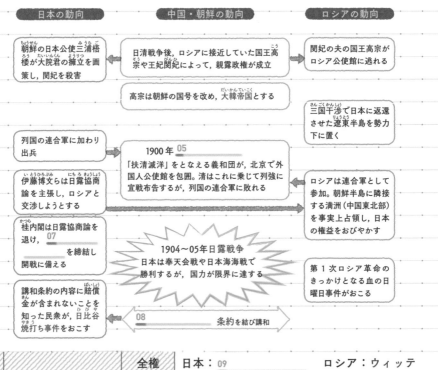

中国分割

列強の勢力範囲
□ 日本
□ ロシア
■ ドイツ
■ イギリス
□ フランス
□ アメリカ
〔ポ〕ポルトガル

日露戦争

05 _____ をきっかけに満洲（中国東北部）に進出したロシアは，大陸の利権をめぐって日本と対立するようになり，日露戦争がおこった。

日本の動向	中国・朝鮮の動向	ロシアの動向

朝鮮の日本公使三浦梧楼が大院君の擁立を画策し，閔妃を殺害 ← 日清戦争後，ロシアに接近していた国王高宗や王妃閔妃によって，親露政権が成立 → 閔妃の夫の国王高宗がロシア公使館に逃れる

高宗は朝鮮の国号を改め，大韓帝国とする

三国干渉で日本に返還させた遼東半島を勢力下に置く

列国の連合軍に加わり出兵 → 1900 年 05 _____ 「扶清滅洋」をとなえる義和団が，北京で外国人公使館を包囲。清はこれに乗じて列強に宣戦布告するが，列国の連合軍に敗れる

伊藤博文らは日露協商論を主張し，ロシアと交渉しようとする

ロシアは連合軍として参加。朝鮮半島に隣接する満洲（中国東北部）を事実上占領し，日本の権益をおびやかす

桂内閣は日露協商論を退け，07 _____ を締結し開戦に備える

1904〜05年日露戦争
日本は奉天会戦や日本海海戦で勝利するが，国力が限界に達する

第 1 次ロシア革命のきっかけとなる血の日曜日事件がおこる

講和条約の内容に賠償金が含まれないことを知った民衆が，日比谷焼打ち事件をおこす ← 08 _____ 条約を結び講和

		全権	日本：09 _____　　ロシア：ウィッテ
1905 年	08 _____ 条約	おもな内容	(1) 10 _____ に対する日本の指導・監督権を認める。
			(2) 旅順・大連の租借権，長春以南の鉄道利権を日本に譲る。
			(3) 樺太の北緯 50 度以南の地域を日本に割譲。
			(4) 沿海州とカムチャツカでの日本の漁業権を認める。

No.

Date

日本史探究
ADVANCED JAPANESE HISTORY

THE LOOSE-LEAF STUDY GUIDE
FOR HIGH SCHOOL STUDENTS

THEME 近代 **桂園時代**

この時代のおもなできごと

時代	内閣	年代	おもなできごと
明治	桂①	☐ 1905.7	アメリカとの間に桂・タフト協定が結ばれる
		☐ 1905.9	ポーツマス条約に調印する。日比谷焼打ち事件がおこる
	西園寺①	☐ 1906.3	01 _____ が制定され，大部分の鉄道が国有化
		☐ 1907.7	韓国皇帝高宗が 02 _____ 事件をおこす
		☐ 1908.10	戊申詔書が発布される → 大韓帝国高宗がオランダのハーグで開かれていた国際平和会議に密使を送り，第 2 次日韓協約の破棄を試みた事件。
	桂②	☐ 1910.5	大逆事件がおこる
		☐ 1910.8	韓国併合条約が調印される ➡ 朝鮮の植民地化
		☐ 1911.3	労働者保護のため 03 _____ が公布される（施行は 1916.9）
		☐ 1911.10	中国で 04 _____ がはじまる
	西園寺②	☐ 1912.7	明治天皇が崩御する
大正	桂③	☐ 1912.12	第 1 次護憲運動がはじまる

日露戦争後の国際関係

日本は，日清・日露戦争を経て東アジア地域での勢力を拡大した。

大韓帝国

第 2 次日韓協約後に 02 _____ 事件，第 3 次日韓協約後には義兵運動が本格化し，日本の保護国化に反発。しかし，05 _____ に伊藤博文が殺害され，それにより日本は併合条約を強要して植民地化。朝鮮総督府が設置され，初代総督には 06 _____ が任命された。

韓国併合までの道のり		
1904 年	日韓議定書	日本軍の駐留を認める。
	第 1 次日韓協約	政府に日本人顧問を採用。
1905 年	第 2 次日韓協約	外交権の剥奪。統監府の設置。
1907 年	第 3 次日韓協約	内政権の剥奪。軍隊の解散。
1910 年	韓国併合条約	植民地化。朝鮮総督府の設置。

台湾

統治機関として台湾総督府が設置され，初代総督に 07 _____ が任命された。

中国

日本はロシアから譲り受けた旅順・大連を含む遼東半島南端の租借地を関東州と名づけ，関東都督府を設置した。またロシアから譲り受けた鉄道路線を経営するため，半官半民の 08 _____ 株式会社を設立した。

1911 年になると，清で 04 _____ がおこり，翌年清朝が倒され孫文を臨時大総統とする中華民国が成立した。これに対し，陸軍などは軍事干渉を主張したが，政府は不干渉の立場をとった。

NO.
日本史探究
ADVANCED JAPANESE HISTORY

THE LOOSE-LEAF STUDY GUIDE
FOR HIGH SCHOOL STUDENTS

THEME 桂園時代

桂園時代

第4次伊藤博文内閣の退陣後，山県有朋の後継者である桂太郎と，伊藤博文の後継者である立憲政友会総裁の西園寺公望が，交互に政権を担当する期間が10年あまり続いた（桂園時代）。

第1次桂内閣

桂太郎

●日露戦争への対応：日露戦争の戦費調達のため，増税や内外に向け国債の発行を行う。

●桂・タフト協定：日本の韓国支配とアメリカのフィリピン支配を相互に承認。

第1次西園寺内閣

西園寺公望

● 01 ＿＿＿＿＿＿：会社設立ブームにより各地につくられた民営鉄道の大部分を買収し，国有化した。

●ハーグ密使事件への対応：大韓帝国皇帝の高宗を退位させ，第3次日韓協約を締結し韓国の内政権を奪った。

第2次桂内閣

●戊申詔書：勤倹節約と天皇の尊重を国民に求める詔書。風紀の引き締めをはかる。

●地方改良運動：日露戦争により疲弊した農村の再建をはかる。再建に成功した村を模範村とした。

●大逆事件：09 ＿＿＿＿＿＿ら社会主義者・無政府主義者26人を大逆罪で起訴。12名を死刑にした。この事件をきっかけに特別高等警察（特高）が警視庁に設置された。

●韓国併合：韓国併合条約を結び，朝鮮を植民地化した。

● 03 ＿＿＿＿＿＿：初の労働者保護法を制定。（施行は1916年，第2次大隈内閣）

第2次西園寺内閣

●明治天皇崩御：元号が明治から大正に変わった。

●2個師団増設問題：陸軍が戦力増強のため師団の増設を求めたが，財政難を理由に拒絶。陸相の上原勇作はこれを不服として辞任し，内閣も総辞職した。

第3次桂内閣

●大正政変：第1次護憲運動が展開され，内閣は50日あまりで退陣した。

元老の影響力増大

第1次桂内閣が成立するころになると，明治維新で功績のあった政治家らは政府の役職を退き，10 ＿＿＿＿＿＿として首相の任命や重要政策の決定などに影響を及ぼすようになった。

おもな元老と在任期間		
長州出身	伊藤博文	1889～1909年
	山県有朋	1891～1922年
	井上馨	1904～1915年
	桂太郎	1911～1913年
薩摩出身	黒田清隆	1889～1900年
	松方正義	1898～1924年
公家	西園寺公望	1912～1940年

No.

Date

日本史探究
ADVANCED JAPANESE HISTORY

THE LOOSE-LEAF STUDY GUIDE
FOR HIGH SCHOOL STUDENTS

THEME 近代 **大正政変・第一次世界大戦**

この時代のおもなできごと

時代	内閣	年代	おもなできごと
明治	西園寺②	☐ 1912.12	2個師団増設問題が原因で内閣が総辞職する
	桂③		01　　　　　　運動がおこる ➡ 翌年内閣総辞職
		☐ 1913.6	軍部大臣現役武官制が改正される
	山本①	☐ 1913.8	文官任用令が改正される
大正		☐ 1914.1	02　　　　　事件がおこる ➡ 内閣総辞職
		☐ 1914.6	サライェヴォ事件がおこる ➡ 第一次世界大戦勃発
	大隈②	☐ 1914.8	日英同盟協約を理由に日本がドイツに宣戦布告
		☐ 1915.5	日本が 03　　　　　　　　の大部分を中国に認めさせる
	寺内	☐ 1917.11	石井・ランシング協定が締結される
		☐ 1918.8	日本政府が 04　　　　　　　を宣言する ➡ ロシア革命に干渉

大正政変・大正前期の政治

● **2個師団増設問題**：陸軍が兵力増強を要求するが，内閣は拒否。陸軍大臣の上原勇作は後継をたてず

　　　　　　大臣を辞職し，第2次西園寺内閣は総辞職した。

　　　　　　　　　　　└軍部大臣現役武官制により，陸・海軍大臣は現役の大将・中将から出さ
　　　　　　　　　　　なければならなかったため，軍部の協力なしには内閣は成立しなかった。

● 01　　　　　運動：西園寺のあとをうけた桂太郎首相（第3次）が天皇の側近だったため，立憲

　　　　政友会の 05　　　　　　や立憲国民党の 06　　　　　らが天皇の政治利用に

　　　　つながると批判。「閥族打破・憲政擁護」をスローガンに倒閣運動がおこった。

● **桂内閣の辞職**：桂太郎は非立憲政友会系の新党（のちの 07　　　　　　　）を組織して野党に対抗し

　　　　ようとしたが，民衆は野党を支持し内閣は総辞職（大正政変）。

● **山本権兵衛内閣の成立**：薩摩出身の海軍大将である山本権兵衛が組閣（第1次）。立憲政友会を与党

　　　　とし文官任用令や軍部大臣現役武官制を改正。

● 02　　　　　事件：ドイツの企業と海軍高官との贈収賄事件。事件の責任をとり山本権兵衛内閣

　　　　は総辞職した。

THEME **大正政変・第一次世界大戦**

第一次世界大戦

第一次世界大戦の勃発

→オーストリアの皇太子がセルビア人の
青年に暗殺された事件。

ヨーロッパで三国同盟と三国協商の対立が深まるなか，サライェヴォ事件をきっかけにオーストリアと
セルビアの間に戦争がおこり，やがてヨーロッパ全土をまきこむ戦争に拡大した。

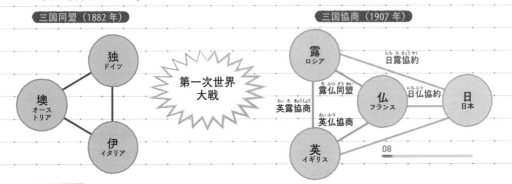

三国同盟（1882年）

独 ドイツ
墺 オーストリア
伊 イタリア

第一次世界大戦

三国協商（1907年）

露 ロシア
日露協約
露仏同盟
英露協商
仏 フランス
日仏協約
日 日本
英仏協商
英 イギリス
08

日本の動向

● 日本の参戦：日本は 08 _____ にもとづいてドイツに
宣戦布告。中国におけるドイツの根拠地である
09 _____ と山東省の権益を接収し，さらに赤
道以北のドイツ領南洋諸島の一部を占領した。

● 中国への進出：大隈内閣の 10 _____ 外相は中国の
11 _____ 政権に要求を行い，その大部分
を認めさせた。また，寺内内閣はアメリカと
石井・ランシング協定を結んで中国に対する
日本の特殊権益を認めさせた。

山東半島と青島

天津
旅順
大連
威海衛
中立地帯
山東半島
黄海
山東省
中立地帯
青島
膠州湾

□ ドイツの勢力範囲
← 日本軍

1915年	03 _____	おもな内容	(1) 日本が山東省のドイツ利権を引き継ぐことを認める。
			(2) 旅順・大連と南満洲鉄道の租借期限を99年延長。
			(3) 製鉄事業会社の漢冶萍公司を日中合弁化。
			(4) 軍事・警察・財政について日本人顧問を採用。
			→中国の反対により，この条項は削除された。
1917年	石井・ランシング協定	おもな内容	(1) アメリカは中国における日本の特殊権益を認める。
			(2) アメリカと日本は中国の領土保全と門戸開放・機会均等を認める。

● 04 _____ ：ロシア革命により1917年にソヴィエト政権が樹立すると，社会主義政権の出
現を恐れたイギリスやフランス，アメリカがロシアに干渉戦争をしかけた。日
本も1918年から1922年にかけて参加。

No.

Date

日本史探究
ADVANCED JAPANESE HISTORY

THE LOOSE-LEAF STUDY GUIDE
FOR HIGH SCHOOL STUDENTS

THEME 近代 大正デモクラシー・ワシントン体制

この時代のおもなできごと

時代	内閣	年代	おもなできごと
大正	寺内	☐ 1918.7	01 _____ が発生する ➡ 9月に内閣総辞職
		☐ 1918.8	ロシア革命に対し日本政府がシベリア出兵を宣言する
	原	☐ 1919.1	パリ講和会議が開催される
		☐ 1919.3	朝鮮で 02 _____ 運動がおこる
		☐ 1919.5	中国で 03 _____ 運動がおこる
		☐ 1919.6	パリ講和会議の結果, 04 _____ 条約が調印される
		☐ 1920.5	日本最初のメーデーが開催される
	高橋	☐ 1921.12	ワシントン会議で 05 _____ 条約が締結される
		☐ 1922.2	ワシントン会議で 06 _____ 条約が締結される
			ワシントン会議で海軍軍備制限条約が締結される
	加藤友三郎	☐ 1922.10	シベリアからの撤兵が完了
	山本②	☐ 1923.9	組閣中に相模湾を震源とした 07 _____ が発生する
		☐ 1923.12	虎の門事件がおこる ➡ 内閣総辞職
	清浦	☐ 1924.1	清浦内閣に対し 08 _____ 運動がおこる
	加藤高明	☐ 1925.3	普通選挙法と同月に 09 _____ が成立する

虎の門事件の下の注: 摂政 宮裕仁親王（のちの昭和天皇）が無政府主義者に狙撃された事件。

政党内閣の成立

● 01 _____ ：シベリア出兵をみこした商人が米の買い占めを行い米価が上昇すると, 富山県魚津で

女性たちを中心に暴動が発生。

➡暴動は全国に波及し, 寺内内閣は総辞職。

原敬

●原敬内閣：立憲政友会総裁の原敬を首相とする政党内閣が成立。選挙資格の納税

額引き下げや 10 _____ の導入などを行う。

➡原首相が暗殺され内閣総辞職。

藩閥や華族の出身でない首相だったから「平民宰相」とよばれた。

●高橋是清内閣：立憲政友会総裁の高橋是清が政党内閣を組閣。ワシントン会議で

の条約締結などを進める。

➡閣内不一致で総辞職。その後海軍大将の加藤友三郎による内閣が成立した。

THEME 大正デモクラシー・ワシントン体制

大正デモクラシー

● 08 _____ 運動：高橋是清内閣の後，海軍大将の加藤友三郎・山本権兵衛，枢密院議長の清浦

奎吾が首相となったが，清浦内閣が陸相・海相を除くすべての閣僚を貴族院

から選出すると護憲三派を中心に倒閣運動がおこった。

政党の変遷② ※人物名は党首やそれに準じる者
└→ 加藤高明の憲政会，高橋是清の立憲政友会，犬養毅の革新倶楽部。

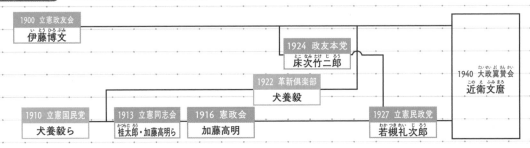

●加藤高明内閣：護憲三派による連立内閣。普通選挙法を制定して25歳以上のすべての男性に選挙権

を付与する一方，09 _____ を制定して労働者階級の政治的影響力の増大に備

えた。

ワシントン体制の成立

●パリ講和会議：1919年から，フランスのパリで第一次世界大戦の講和会議が開かれた。その結果，

講和条約が結ばれるとともに 11 _____ が発足した。

会議の期間中，朝鮮で日本からの独立を求める 02 _____ 運動，中国で二十一

カ条の要求の撤回を求める 03 _____ 運動が発生。

1919年	04 _____ 条約	全権	日本：西園寺公望・牧野伸顕ら
		おもな内容	(1)ドイツに賠償金を課し，領土を一部割譲。
			(2)日本の山東省旧ドイツ権益の継承と赤道以北の旧ドイツ領南洋諸島の委任統治権を認める。

●ワシントン会議：太平洋・極東の地域問題を解決するため，アメリカ主導で開催された会議。この会

議によってつくられた国際秩序をワシントン体制という。

		全権	日本：加藤友三郎・幣原喜重郎・徳川家達
1921年	05 _____ 条約		太平洋の平和に関する条約。日英同盟協約の終了。
1922年	06 _____ 条約	おもな内容	中国の主権尊重・門戸開放・機会均等を確認。この条約に関連して，日本は別途，山東省旧ドイツ権益を返還。石井・ランシング協定を廃棄。
	海軍軍備制限条約		英・米・日・仏・伊の主力艦保有量の制限。

No.

Date.

日本史探究
ADVANCED JAPANESE HISTORY

THE LOOSE-LEAF STUDY GUIDE
FOR HIGH SCHOOL STUDENTS

THEME 近代 **明治期の産業革命**

貨幣制度と金融の発達

貨幣制度

1871 年	01 ＿＿＿	1 円＝100 銭＝1000 厘の十進法を取る貨幣を発行。 名目上は金本位制としたが，貿易では銀貨が使用された。
1885 年	銀兌換銀行券の発行	日本銀行設立後に発行。 銀本位制となった。 【1885年発行の日本銀行券】
1897 年	02	金 0.75 g＝1 円とし，金本位制が確立。

金融

● 銀行の設立：渋沢栄一らによって銀行整備の制度が進められた。

1872 年	03 ＿＿＿	民営の銀行制度をつくるために定められた法令。 銀行券（紙幣）を発行する際に，発行額にみあった正貨（＝金） の蓄積を義務としたため，銀行はあまり増えなかった。
1876 年	国立銀行条例改正	金禄公債証書の発行決定の影響で，正貨の蓄積義務をなくし不 換紙幣の発行を認めた。 銀行は急増したが不換紙幣の増発でインフレーションが発生。
1882 年	04 ＿＿＿ 設立	松方正義の政策で中央銀行を設立。翌年には国立銀行条例を改 正し，銀行券の発行は日本銀行だけが行えるものとした。

● 特殊銀行：政府は特定の産業や分野に資金を供給する
　　　　　　銀行の設立をすすめた。

おもな特殊銀行

横浜正金銀行	貿易金融
日本勧業銀行	農工業分野への金融
台湾銀行	台湾の産業開発と紙幣発行
日本興業銀行	産業振興のための長期融資

企業勃興と海運の発達

● 企業勃興：華族を主体として 1881 年に設立された日本鉄道会社の成功をうけ，1886 ～ 89 年にか
　　　　　　けて鉄道や紡績業を中心に会社設立ブームがおきた。

● 海運の発達：1896 年に造船奨励法・航海奨励法が公布され，船舶の建造と外交航路への就航に奨
　　　　　　　励金が出されるようになった。

➡ **日本郵船会社**がインドへのボンベイ航路や，ヨーロッパ・アメリカ・オーストラリアへの航路を
　　開いた。
　　└ 半官半民の共同運輸会社と，岩崎弥太郎がおこした三菱（郵便汽船三菱会社）が競争の末合併した戦前最大の海運会社。

THEME **明治期の産業革命**

産業革命

日本の産業革命は，まず紡績業などの軽工業からはじまり，日露戦争後から本格的に重工業が発達した。

軽工業

●紡績：綿花から綿糸を生産する産業。手紡やガラ紡による生産が
行われていたが，1882 年に渋沢栄一らが設立し，翌年開
業した 05 _____ が機械を用いた大規模経営に
成功。機械制生産が急増した。

●明治初期に臥雲辰致が開発した
簡易紡績機。

> 1890 年に綿糸の生産量が輸
> 入量を上回り，1897 年に綿糸
> の輸出量が輸入量を上回っ
> た。

●織物：綿織物を織る産業。大規模な紡績会社が出現して大量生産
を行い生産を独占していたが，06 _____ が小型の
国産力織機を発明すると小工場での生産が盛んになった。

> 1909 年に綿布の輸出額が輸
> 入額を超えた。

●製糸：蚕の繭を原料に生糸（絹）を生産する産業。当初は簡単な
手動の装置による 07 _____ が行われていたが，しだ
いに在来の技術を改良した 08 _____ が普及した。

> 1909 年に清を抜き世界最大
> の生糸の輸出国となった。

重工業

八幡製鉄所

●製鉄：日清戦争での賠償金をもとに官営八幡製鉄所が設立された。筑豊炭
田の石炭，中国大冶鉄山の鉄鉱石を使い 1901 年に操業を開始。また，
1907 年に設立された 09 _____ など，民間の製鉄会社も出現
した。

●機械：池貝鉄工所が先進国並みの精度をもつ旋盤を開発。

●電力：水力発電が本格的にはじまり，大都市で電灯の普及がすすんだ。

財閥の形成

政府によって特権的な保護をうけた商人は 10 _____ と
よばれ，官営事業の払下げによって複数の企業を経営す
るようになった。

彼らは持株会社を通じて企業を支配するコンツェルンの
形式で複数の企業による多角的経営を行い，財閥とよば
れた。

主要な財閥

三井	江戸時代の越後屋呉服店を前身とする	四大財閥
三菱	土佐出身の岩崎弥太郎を祖とする	
住友	江戸時代に別子銅山を経営した住友家を前身とする	
安田	幕末より両替商を営んだ安田善次郎を祖とする	
古河	京都出身の商人古河市兵衛を祖とする	
川崎	鹿児島出身の貿易商川崎正蔵を祖とする	
浅野	富山出身の商人浅野総一郎を祖とする	

No.

Date

日本史探究
ADVANCED JAPANESE HISTORY

THE LOOSE-LEAF STUDY GUIDE
FOR HIGH SCHOOL STUDENTS

THEME 近代 **明治期の農業の変容・社会運動の発生**

この時代のおもなできごと

時代	内閣	年代	おもなできごと
明治		☐ 1873.7	地租改正条例が出される ➡ 地租改正反対一揆がおこる
		☐ 1877.1	地租の税率が地価の3％から2.5％に引き下げられる
		☐ 1881.10	松方正義が大蔵卿に就任する ➡ 松方財政の開始
	松方①	☐ 1891	足尾銅山鉱毒事件が発生する
	松方②	☐ 1897.7	労働運動の指導のため 01　　　　　　が結成される
	山県②	☐ 1900.3	治安警察法が公布される
	伊藤④ 桂①	☐ 1901.5	最初の社会主義政党である 02　　　　　　が結成される
	西園寺①	☐ 1906.1	最初の合法的社会主義政党である 03　　　　　　が結成される
		☐ 1908.10	戊申証書が発布される ➡ 地方改良運動へ
	桂②	☐ 1910.5	04　　　　　事件がおこる ➡ 翌年，幸徳秋水らが死刑となる
		☐ 1911.3	労働者保護のため 05　　　　　が公布される（施行は1916.9）

明治の農業の変容

金肥の品種改良などによって，農業における収穫量は増加したが，工業と比較すると発展は遅く，都市人口の増加により米の供給は不足しがちとなった。

●**松方デフレと農家**：松方正義（大蔵卿，大蔵大臣）が緊縮財政と不換紙幣の処理を行うと物価が下がり，農家の経営が苦しくなった。

松方デフレの影響

〈デフレ前〉　　　　　〈松方デフレ〉

農産物による収入	農産物による収入	} 収入減，デフレで物価が下がり，農産物の買い取り価格も下落
地租	地租	} 税金は一定，地租は地価の2.5％なので，納める金額は変わらず

●**貧富の差の拡大**：地租を支払うのが困難になった下層農民は，土地を有力な農家に売却し小作人に転落。一方で土地を購入し地主となった農家は，自らは耕作をせず小作人からの小作料に依存する 06　　　　　となった。

THEME 明治期の農業の変容・社会運動の発生

社会運動の発生

労働運動

●ストライキの発生：工場制工業の発達にともない工場労働者が増加したが，劣悪な労働環境と低賃金のため，日清戦争前後になると待遇改善や賃金の引き上げを求めて各地でストライキがおこるようになった。

1886年の甲府雨宮製糸ストライキ，
1889年の大阪天満紡績ストライキなど。

当時の労働環境を記録した資料

1899年	『07　　　　　』	横山源之助	東京の貧民や工場労働者の実態を描く。
1903年	『08　　　　　』	農商務省	全国の工場労働者の実態を調査した報告書。
1925年	『09　　　　　』	細井和喜蔵	紡績工場で働く女工の実態を描く。

●労働組合の結成：アメリカで労働運動を学んだ高野房太郎が 01　　　　　　を設立。労働組合の結成を指導した。

市民活動

田中正造

●足尾銅山鉱毒事件：古河市兵衛の経営する足尾銅山から流れ出た鉱毒が栃木，群馬を中心とする渡良瀬川流域を汚染し社会問題となった事件。衆議院議員の 10　　　　　が議会で銅山の操業停止を主張した。

●社会主義政党の結成：20世紀に入ると，平等な社会の実現をめざす社会主義政党が誕生。

- 02　　　　　…片山潜，安部磯雄，木下尚江，幸徳秋水らによって1901年に結成された最初の社会主義政党。治安警察法により即時解散。

- 03　　　　　…堺利彦・片山潜らによって1906年に結成された最初の合法的社会主義政党。1907年に治安警察法により解散させられた。

●反戦運動：日露戦争前より，キリスト教徒の内村鑑三，社会主義者の幸徳秋水・堺利彦らが非戦論・反戦論を唱えた。

政府の対応

●治安警察法：労働運動や社会主義運動の取り締まりを目的に，第2次山県内閣のときに制定。

● 04　　　　　事件：明治天皇の暗殺を計画したという理由で多数の社会主義者らが検挙され，幸徳秋水など12名が処刑された弾圧事件。この事件を機に，社会主義運動は冬の時代をむかえた。

● 05　　　　　：第2次桂内閣が1911年に制定した，初の労働者を保護する法律。資本家の反対により施行は5年後の第2次大隈内閣のときまで延期された。

No.

Date

日本史探究
ADVANCED JAPANESE HISTORY

THE LOOSE-LEAF STUDY GUIDE
FOR HIGH SCHOOL STUDENTS

THEME 近代 明治期の教育と学問

明治期の教育

教育に関する法令

明治政府は1871年に文部省を設置し，政府主導で教育制度を整えた。

- 01 ＿＿＿＿＿＿：1872年に制定。フランスの学校制度を手本とした。
- 02 ＿＿＿＿＿＿：1879年制定。初等教育を地方に任せるアメリカの教育制度を導入。

  ➡混乱をまねき，1880年には政府の監督責任を強調したものに改正。
- 03 ＿＿＿＿＿＿：文部大臣の森有礼が中心となり1886年に制定。小学校・中学校・師範学校・帝国大学からなる学校体系が整った。
- 04 ＿＿＿＿＿＿＿＿＿：1890年に天皇から臣民（国民）に与える形式で発布。忠君愛国が学校

  教育の基本であるとし，学校で行われる式典で奉読された。

  └キリスト教徒の内村鑑三は，勅語の奉読の際に拝礼を拒否したため第一高等中学校講師の職を追われた（内村鑑三不敬事件）。
- 国定教科書制度：1903年に制定。小学校の教科書を文部省の著作に限るものとした。

  ➡国家による教育の統制が強まった。

教育機関

- 初等教育機関：国民皆学を目標に，各地に小学校が設立された。1890年の小学校令の改正で義務教育が明確化され，1902年には義務教育の就学率は90%を超えた。

初等教育の変遷

		1	2	3	4	5	6	7	8	9年
1872年 学制公布		下等小学校				上等小学校				
1886年 小学校令公布		尋常小学校				高等小学校				
1900年 小学校令改正		尋常小学校 （義務教育）				高等小学校				
1907年 小学校令改正		尋常小学校 （義務教育）					高等小学校			

- 中等・高等教育機関：高等教育機関への進学を主目的とする中学校，教員の養成を目的とする師範学校，専門知識を学ぶ高等学校，専門学校，大学が設立された。

おもな学校

官立学校	東京帝国大学	江戸時代に設けられた昌平坂学問所・開成所・医学所の流れをくむ東京大学が前身。東京大学は1886年の学校令で帝国大学，1897年に東京帝国大学に改称。
	京都帝国大学	東京帝国大学と競学の風をおこすため，1897年に設立された。
私立学校	慶應義塾	05 ＿＿＿＿＿＿ が1858年に開いた蘭学塾が起源。
	同志社	新島襄が1875年に開いた英学校が起源。キリスト教精神による教育を実施。
	東京専門学校	06 ＿＿＿＿＿＿ が1882年に創立。1902年に早稲田大学と改称。

明治期の学問

思想

文明開化の時期に西洋思想の導入が進んだ後，明治時代中期以降になると国権論が台頭した。

思想家	主宰した雑誌	業績
07	『国民之友』	民友社を設立。政府が行う欧化主義を貴族的欧化主義として批判し，一般国民の権利向上をめざす平民的欧化主義を主張した。
08	『日本人』	志賀重昂らとともに政教社を設立。国粋保存を主張した。
09	『日本』	政府の欧化主義を批判し，国家の独立と国民主義（ナショナリズム）を主張した。
10	『太陽』	日本主義をとなえて日本の大陸進出を肯定した。

科学

欧米の科学技術の導入が進み，明治時代の終盤には世界水準の研究が行われるようになった。

科学者	業績
11	破傷風の血清療法，ペスト菌の発見。伝染病研究所の創設。
12	赤痢菌の発見。
高峰譲吉	アドレナリンの抽出。タカジアスターゼ（消化酵素剤）の創製。
鈴木梅太郎	オリザニン（ビタミンB_1）の抽出。
木村栄	地球の緯度変化を求める公式に，新たな要素（Z項）を追加。
長岡半太郎	原子構造の研究。

来日外国人

学者・研究者の養成に大きな役割を果たした。特に政府によって招かれた外国人をお雇い外国人という。

来日外国人	出身国	業績
ボアソナード	フランス	フランス法をもとにした民法・刑法の起草を行った。
ロエスレル	ドイツ	内閣顧問として，大日本帝国憲法の編纂に影響を与えた。
クラーク	アメリカ	開拓使の招きで札幌農学校の教頭となった。
ナウマン	ドイツ	日本全国の地質調査の実施。ナウマンゾウの化石を発見した。
13	アメリカ	ダーウィンの進化論を日本に紹介。大森貝塚を発見した。
ヘボン	アメリカ	ヘボン式ローマ字を考案。
14	アメリカ	岡倉天心らとともに東京美術学校を創設。
15	イギリス	建築家として工部大学校や帝国大学で講義。鹿鳴館・ニコライ堂などの設計を手がけた。

No.
Date
日本史探究
ADVANCED JAPANESE HISTORY
THF LOOSE-LEAF STUDY GUIDE
FOR HIGH SCHOOL STUDENTS

THEME 近代 明治期の文化

ジャーナリズムと文学

ジャーナリズム

政治評論中心の大新聞と，報道・娯楽中心の小新聞が刊行され，政治思想や文芸の普及に大きな役割を果たした。また，明治時代後期には総合雑誌も刊行されるようになった。

大新聞	『01 _____』	1870年に創刊された最初の日刊新聞。
	『02 _____』『東京日日新聞』	英国人ブラックが1872年に創刊。民撰議院設立の建白書を掲載。
小新聞	『読売新聞』	1874年に創刊された最初の小新聞。
総合雑誌	『中央公論』	

近代文学

欧米文学の影響を受け，近代文学が誕生した。1880年代前半に写実主義がおこり，日清戦争前後にはロマン主義，日露戦争前後には自然主義が文壇の主流となった。

写実主義	03 _____	『小説神髄』	
	04 _____	『浮雲』	人間の内面や，社会のようすを客観的に描くことを提唱。
	尾崎紅葉	『金色夜叉』	
理想主義	幸田露伴	『五重塔』	人間の内面を尊重。
	北村透谷	雑誌『文学界』	
ロマン主義	05 _____	『舞姫』	
	泉鏡花	『高野聖』	感情や個性の躍動を重んじる。
	06 _____	『たけくらべ』	
	07 _____	歌集『みだれ髪』	
自然主義	島崎藤村	『破戒』	人間社会の現実をありのままに描写しようとする。
	田山花袋	『蒲団』	
その他	08 _____	『吾輩は猫である』	自然主義と対立した余裕派や，社会主義思想を詩に盛り込んだ石川啄木らがあらわれた。
	石川啄木	歌集『一握の砂』	

その他の文学

戯作文学	仮名垣魯文	『安愚楽鍋』	江戸時代の黄表紙・洒落本などの系統を受け継いだ大衆文学。
政治小説	矢野龍溪	『経国美談』	政治思想の啓蒙を目的に描かれた文学。
俳句	正岡子規	『病牀六尺』	俳句の革新と万葉調和歌の復興がすすめられた。

日本史探究
ADVANCED JAPANESE HISTORY
THE LOOSE-LEAF STUDY GUIDE
FOR HIGH SCHOOL STUDENTS
NO.

THEME 明治期の文化

芸能・美術・建築

芸能

●演劇

当時人気を博した9代目市川団十郎，5代目尾上菊五郎，初代市川左団次の名前の頭文字をとってこうよばれる。

・歌舞伎…明治中期には団菊左時代をむかえ，河竹黙阿弥の脚本などで人気を博した。

・新派劇…川上音二郎らが民権思想の普及のためはじめた壮士芝居が，通俗小説の劇化などを取り入れて発展したもの。

・新劇…坪内逍遙の文芸協会や 09 _____ の自由劇場などが西洋の近代劇を翻訳・上演した。

●音楽：伊沢修二らにより，西洋の楽曲を模倣した唱歌がつくられ小学校教育に採用された。また1887年に東京音楽学校が設立され，滝廉太郎らの作曲家を輩出した。

美術

●美術学校：明治時代初期には，政府は 10 _____ を開いて西洋美術の導入に力をいれたが，フェノロサや岡倉天心の活動により伝統美術が見直され，1887年には西洋美術を除外した 11 _____ が設立された。

●美術団体：西洋画では浅井忠が中心となった明治美術会やフランス印象派の影響を受けた 12 _____ による白馬会が結成された。日本画では岡倉天心らが日本美術院を創立。

日本画	13 _____	悲母観音
	橋本雅邦	龍虎図
西洋画	14 _____	鮭
	浅井忠	収穫
	12 _____	読書・湖畔
	青木繁	海の幸
	藤島武二	天平の面影
彫刻	15 _____	老猿
	朝倉文夫	墓守

読書

老猿

建築

イギリスより招かれたお雇い外国人のコンドルが，工部大学校や帝国大学の教授として西洋建築を教授し，辰野金吾や片山東熊などの建築家が生まれた。

ニコライ堂

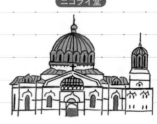

建築	コンドル	ニコライ堂
		鹿鳴館
	辰野金吾	日本銀行本店
		東京駅（大正時代）
	片山東熊	旧東宮御所

No.
Date
日本史探究
ADVANCED JAPANESE HISTORY

THE LOOSE-LEAF STUDY GUIDE
FOR HIGH SCHOOL STUDENTS

THEME 近代 大戦景気・大正期の文化

大戦景気

第一次世界大戦の戦地から離れた日本は盛んに輸出を行い, 外債を返済して債権国となった。

●貿易：ロシア・イギリス・フランスなどには軍需物資を, ヨーロッパからの輸出が衰えたアジアには綿織物などを, アメリカには生糸などを輸出して大幅な輸出超過となった。

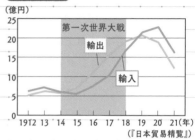

貿易額の推移

(億円)

第一次世界大戦

輸出

輸入

19T2 13 '14 15 16 17 18 19 20 21(年)
『日本貿易精覧』

●海運：世界的な船舶不足によって海運業・造船業は好況となり, 船成金が出現した。

●問題点：資本家が資産を増やす一方, 庶民はインフレーションに苦しめられた。

産業の発達

工業人口は農業人口の半数以下にすぎなかったが, 工業生産額が農業生産額を追い越した。

軽工業

繊維産業が活発になり, 中国に進出して経営を行う 01 ＿＿＿＿＿＿ が急増した。

重化学工業

● 02 ＿＿＿＿＿＿：第一次世界大戦の影響でドイツからの輸入が途絶えたため, 薬品・染料・肥料などの産業が本格的に発達した。

●海運業：イギリス・アメリカに次ぐ世界第3位の海運国となった。

●製鉄業：満鉄の鞍山製鉄所が設立されるとともに, 民間の製鉄所が相次いで設立された。

●電力業：猪苗代・東京間の長距離送電に成功し, 蒸気力から電力への転換が進んだ。

社会運動

労働運動

● 03 ＿＿＿＿＿＿：労働者の地位向上と労働組合育成のため鈴木文治が 1912 年に結成。その後 1921 年に日本労働総同盟となり, 階級闘争を行った。

●日本農民組合：小作争議を指導するため, 杉山元治郎・賀川豊彦らが 1922 年に結成。

社会運動

┌→天皇主権の範囲内で, 普通選挙制など民衆の権利向上をめざす考え方。

●黎明会：04 ＿＿＿＿＿＿ が民本主義の啓蒙のため 1918 年に結成。

●日本共産党：コミンテルンの日本支部として堺利彦・山川均らが 1922 年に結成。

● 05 ＿＿＿＿＿＿：女性参政権などの実現のため, 平塚らいてう（明）と市川房枝らによって 1920 年に設立。

● 06 ＿＿＿＿＿＿：部落差別撤廃のため, 西光万吉らを中心に 1922 年に設立。

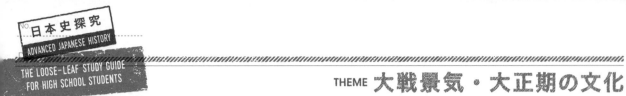
大正期の文化

俸給生活者（サラリーマン）や職業婦人があらわれ，労働者を担い手とする大衆文化が誕生した。

大衆文化

● ラジオ放送：1925 年より開始。1926 年に 07 ＿＿＿＿＿＿＿＿（NHK）が設立された。

● 出版：識字率の向上にともない，円本などの低価格書籍，児童文学雑誌の『赤い鳥』や大衆娯楽雑

　　　誌の『キング』など大衆向けの出版物が部数を伸ばした。

学問

野口英世

学者	業績
08	『善の研究』を著し，独自の哲学体系を打ち立てる。
柳田国男	民俗学の確立。
野口英世	黄熱病の研究。
09	KS 磁石鋼の発明。

文学

白樺派	10	『カインの末裔』	人道主義・理想主義・個人主義をかかげる。
	志賀直哉	『暗夜行路』	
	武者小路実篤	『人間万歳』	
耽美派	永井荷風	『腕くらべ』	自然主義を否定し美を追求。
新思潮派	11	『羅生門』	個人主義的な合理主義によって現実の矛盾をとらえる。
	菊池寛	『恩讐の彼方に』	
プロレタリア文学	12	『蟹工船』	虐げられた労働者を描く。社会運動の高揚にともない発展。
	13	『太陽のない街』	

美術・芸能

美術の分野では，文部省が主催する文展（文部省美術展覧会）が開かれた。一方，在野の団体では日本

画では 14 ＿＿＿＿＿らが日本美術院を再興，洋画では二科会や春陽会が創立された。芸能の分野では，

小山内薫・土方与志らが創設した 15 ＿＿＿＿＿を拠点に，新劇運動が展開された。

麗子微笑

日本画	14	生々流転
西洋画	梅原龍三郎	紫禁城
	安井曽太郎	金蓉
	岸田劉生	麗子微笑
彫刻	高村光太郎	手・鯰

No.

日本史探究
ADVANCED JAPANESE HISTORY

Date

THE LOOSE-LEAF STUDY GUIDE
FOR HIGH SCHOOL STUDENTS

THEME　近代　**恐慌の時代**

この時代のおもなできごと

時代	内閣	年代	おもなできごと	政権政党
大正	加藤高明	☐ 1925.1	日ソ基本条約に調印する	憲政会
	若槻①	☐ 1927.3	片岡直温蔵相の失言が原因で 01　　　　　　が発生する	
昭和		☐ 1927.5	第1次山東出兵が行われる	立憲政友会
	田中義一	☐ 1928.3	02　　　　　事件で共産党員が大量検挙される	
		☐ 1928.6	奉天郊外で 03　　　　　　事件がおこる	
		☐ 1929.4	04　　　　　事件で共産党員が大量検挙される	
		☐ 1929.10	世界恐慌が発生	立憲民政党
	浜口	☐ 1930.1	金輸出解禁実施 ➡ 05　　　　　　が発生	
		☐ 1930.4	軍縮条約の 06　　　　　　　　条約に調印する	
		☐ 1931.4	重要産業統制法が制定される	
	若槻②			

金融恐慌

● 恐慌の発生：若槻礼次郎内閣の蔵相の片岡直温が，倒産していない銀行を倒産したと失言したため，
　　　　　　　銀行に預金者が殺到。銀行の休業が続出した。

● 台湾銀行の経営危機：第一次世界大戦後の不景気で経営破たんした鈴木商店に対し，台湾銀行が巨額
　　　　　　　　　　の不良債権を抱えていたことが明らかになり，銀行への信用がさらに低下。

第1次若槻内閣の対応	台湾銀行救済緊急勅令案を出そうとするが，枢密院の了承が得られず失敗。 ➡内閣総辞職。
田中義一内閣の対応	3週間の 07　　　　　　（支払猶予令）を発してさまざまな債務の支払いを 延期するとともに，日本銀行から莫大な融資を実行。大量の紙幣を印刷して預 金の引き出しにも対応した。

印刷された裏面が白紙の紙幣

THEME **恐慌の時代**

昭和恐慌

● 浜口雄幸内閣の成立：蔵相に前日銀総裁の 08 ＿＿＿＿＿ を起用し，経済改革を実行。

浜口内閣の 経済政策	① 財政緊縮 ➡ 物価の引き下げをはかった。
	② 産業合理化の促進 ➡ 生産性の悪い企業を淘汰し，国際競争力を高めた。
	③ 09 ＿＿＿ ➡ 為替相場を安定させて貿易振興をはかった。

● 世界恐慌の発生：1929 年 10 月，ニューヨークの証券取引所で株価が大暴落したことがきっかけとなり，世界全体が不況となった。

● 05 ＿＿＿＿＿ の発生：世界恐慌に浜口内閣の経済政策が合わず大不況が発生。

発展

① 財政緊縮 ➡ 経済活動の停滞を招いた。

② 産業合理化の促進 ➡ 賃金引下げ，失業者の増大につながった。

③ 09 ＿＿＿ ➡ 現実の為替相場より円高ドル安の旧平価で解禁を行ったため，急激な円高となり輸出産業が不利になった。

積極外交への転換と協調外交の挫折

積極外交への転換

加藤高明・第 1 次若槻内閣の 10 ＿＿＿ 外相はワシントン体制に協調する協調外交を推進したが，田中義一内閣は中国に強硬姿勢をとった。

● 北伐と山東出兵：国民政府（国民革命軍）と，中国共産党が第 1 次国共合作を成立させ，1926 年より中国統一に乗り出した。これを北伐といい，日本は干渉して 3 次にわたる山東出兵を行った。

● 03 ＿＿＿ 事件：日本は国民政府と対立する北方軍閥の張作霖を支援していたが，やがて北方軍閥の排除と満洲の直接支配をめざすようになり，張作霖を暗殺。

北伐における各軍の進路

モンゴル人民共和国 1924
満洲国（1932年成立） 柳条湖1951
内蒙古
盧溝橋 北京
奉天
関東州
大連 旅順
朝鮮（日本領）
京城
青島
西安
南京
上海
東シナ海
南 シ ナ 海
フランス領インドシナ連邦

← 国民革命軍北伐路
← 共産党軍長征路（1934～36年）
■ 共産党解放区
■ 冀東防共自治政権区（1935～38年）
← 日本軍侵入路

協調外交の挫折

浜口内閣で再び外相となった 10 ＿＿＿ は，06 ＿＿＿＿＿ 条約を締結したが，軍がこの条約に反発して統帥権干犯問題がおこり，浜口首相が狙撃される事件に発展。

┌➡補助艦（巡洋艦・駆逐艦・潜水艦）の保有量を制限する条約。

No.

日本史探究
ADVANCED JAPANESE HISTORY

Date

THE LOOSE-LEAF STUDY GUIDE
FOR HIGH SCHOOL STUDENTS

THEME 近代 軍部の台頭

この時代のおもなできごと

時代	内閣	年代	おもなできごと	政権政党
昭和	若槻②	☐ 1931.9	柳条湖事件がおこる ➡ 01 □□□□□ に発展	立憲民政党
		☐ 1931.12	金輸出再禁止を行う ➡ 管理通貨制度に移行する	立憲政友会
	犬養	☐ 1932.2	右翼団体が 02 □□□□ 事件をおこす	
		☐ 1932.3	中国東北部に 03 □□□□ が建国される	
		☐ 1932.5	04 □□□□ 事件がおこる ➡ 犬養毅首相の暗殺 →政党内閣の終焉。	
	斎藤	☐ 1932.9	日満議定書が取り交わされる ➡ 日本政府が満洲国を承認	
		☐ 1933.3	日本が国際連盟脱退を通告 ➡ 1935年に脱退	
	岡田	☐ 1935.8	05 □□□□ が出され天皇機関説が否定される	
		☐ 1936.2	06 □□□□ 事件がおこる →東京に戒厳令が出される。天皇の指示で反乱は収束。	
	広田	☐ 1936.5	軍部大臣現役武官制が復活する	

満洲事変

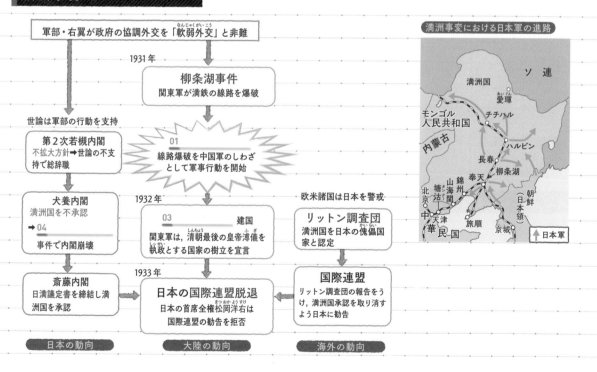

軍部・右翼が政府の協調外交を「軟弱外交」と非難

満洲事変における日本軍の進路

1931年

柳条湖事件
関東軍が満鉄の線路を爆破

世論は軍部の行動を支持

第2次若槻内閣
不拡大方針➡世論の不支持で総辞職

01
線路爆破を中国軍のしわざとして軍事行動を開始

犬養内閣
満洲国を不承認
➡ **04**
事件で内閣崩壊

1932年

03 建国
関東軍は，清朝最後の皇帝溥儀を執政とする国家の樹立を宣言

欧米諸国は日本を警戒

リットン調査団
満洲国を日本の傀儡国家と認定

斎藤内閣
日満議定書を締結し満洲国を承認

1933年

日本の国際連盟脱退
日本の首席全権松岡洋右は国際連盟の勧告を拒否

国際連盟
リットン調査団の報告をうけ，満洲国承認を取り消すよう日本に勧告

日本の動向 　　大陸の動向 　　海外の動向

不況からの脱出

> アメリカに渡って労働者となった経験をもつ。
> 1921～22年には首相を務めた。

犬養・斎藤・岡田内閣の 07 ＿＿＿＿＿ 蔵相の経済政策により，日本は列強の中でいち早く世界恐慌から立ち直った。

	① 積極財政 ➡ 重化学工業が発達し，日本製鉄会社が発足。日産などの 08 ＿＿＿＿＿ が誕生。	
07 ＿＿＿＿＿ 蔵相の経済政策	② 農山漁村経済更生運動 ➡ 昭和恐慌の影響で荒廃した農村に対し，産業組合の拡充などによって自力更生をはかった。	
	③ 09 ＿＿＿＿＿ ➡ 円の金兌換を停止して管理通貨制度に移行。円安となり輸出産業が伸びたが，欧米諸国にソーシャル＝ダンピングと非難された。	

新興財閥と創業者

日産	鮎川義介
日窒	野口遵
日曹	中野友礼
理研	大河内正敏

軍部の台頭

五・一五事件で政党内閣の時代が終わり軍部の発言力が増す。➡陸軍内部で皇道派と統制派の派閥争いが深刻化し，二・二六事件が発生。➡二・二六事件を鎮圧した統制派が実権をにぎった。

浜口 若槻②	1931年	三月事件 十月事件	秘密結社桜会の橋本欣五郎が，内閣の転覆を企てるが未遂。
犬養	1932年	02 ＿＿＿＿ 事件	井上日召らの率いる右翼団体が，井上準之助前蔵相や団琢磨三井合名会社理事長を暗殺。
	1932年	04 ＿＿＿＿ 事件	海軍青年将校を中心とするクーデタ。犬養毅首相が殺害された。
岡田	1936年	06 ＿＿＿＿ 事件	陸軍皇道派の青年将校を中心とするクーデタ。斎藤実元首相，07 ＿＿＿＿ 蔵相，渡辺錠太郎教育総監らが殺害された。

国家主義の高まり

● 05 ＿＿＿＿＿ ：岡田啓介内閣が国会で美濃部達吉の天皇機関説を公式に否定した声明。

● 10 ＿＿＿＿ 事件：自由主義的刑法学説を説いた京都帝国大学教授の滝川幸辰が，文部大臣の鳩山一郎により休職に追い込まれた。

● 軍部大臣現役武官制の復活：広田弘毅内閣が予備役でも軍部大臣になれる規定を削除。

➡軍部の政治介入が容易になった。

● 転向：共産主義者・社会主義者が国家主義の陣営に続々と転向した。
└ 日本共産党の佐野学，鍋山貞親など。

No.
Date
日本史探究
ADVANCED JAPANESE HISTORY
THE LOOSE-LEAF STUDY GUIDE
FOR HIGH SCHOOL STUDENTS

THEME　近代　**日中戦争・第二次世界大戦の勃発**

この時代のおもなできごと

時代	内閣	年代	おもなできごと
昭和	広田（ひろた）	□ 1936.11	日本とドイツの間に 01 _____ が成立する
		□ 1936.12	中国で西安事件がおこる
	林（はやし）		
	近衛①（このえ）	□ 1937.7	中国で 02 _____ 事件がおこる ➡ 日中戦争開始
		□ 1937.12	日本軍が 03 _____ を占領する
		□ 1938.1	第1次近衛声明が出される
	平沼（ひらぬま）	□ 1939.5	ノモンハン事件がおこる
	阿部（あべ）	□ 1939.9	04 _____ が勃発する
	米内（よない）	□ 1940.3	汪兆銘が南京に新国民政府を樹立する
		□ 1940.9	日本が北部仏印に進駐する
	近衛②（このえ）		日本・ドイツ・イタリアの間に 05 _____ が成立する
		□ 1941.4	ソ連との間に 06 _____ 条約を調印する
	近衛③（このえ）		

日中戦争

北伐後，中国の国民政府は中国共産党と内戦状態にあったが，02 _____ 事件をきっかけに日本が軍事行動を開始すると中国共産党と連携。約8年にわたり日本と戦った。

日本の動向

華北分離工作
満洲国南西部の地域を中華民国から分離させようとする

1937年

02 _____ 事件（ペキン）
北京郊外で日中両軍が衝突。日中戦争はじまる

03 _____ 占領

第1次近衛声明
「国民政府を対手とせず」と声明

第2次近衛声明
東亜新秩序の形成を宣言

国民政府や中国共産党の抵抗により戦闘は泥沼化

第3次近衛声明
中国との和平に関する3つの方針（近衛三原則）を示す

1940年

新国民政府樹立（しん）
南京で，日本との和平を望む汪兆銘を首班とした傀儡政権が誕生するが，国民政府はこれに反発し戦闘が続く

中華民国の動向

西安事件（せいあん）
張学良が国民政府の蔣介石に中国共産党との停戦と抗日を要求

第2次国共合作
国民政府と中国共産党が連携し，抗日民族統一戦線を形成

国民政府の移転
南京から内陸の漢口，さらに内陸の重慶へ

援蔣ルートによる支援（えんしょう）
米英ソなどが重慶の国民政府に軍需物資を送るようになる

日中戦争における日本軍の進路

← 日本軍
数字は戦闘・占領年月

ノモンハン 39.5〜9
ソ連
満洲国
張鼓峰 38.7〜8
包頭　熱河
盧溝橋　北京　関東州
太原　天津　大連　旅順　朝鮮　成海衛　日本・
西安　青島　黄海
河南　徐州　南京37.12
漢口　上海　東シナ海
重慶　安慶　抗州
長沙　南昌
広州　香港 41.12
広州湾　台湾

THEME 日中戦争・第二次世界大戦の勃発

第二次世界大戦

第二次世界大戦の勃発

1933年ドイツで 07 _____ を指導者とするナチス=ドイツが成立した。ナチス=ドイツが1939年に

ポーランドに侵攻すると，イギリス・フランスがドイツに宣戦して 04 _____ がはじまった。

日本の動向

●枢軸の形成：ドイツ・イタリアが枢軸を形成すると，日本はドイツに接近し 01 _____ を

　　　　　　結んだ。さらに1940年にはアメリカを仮想敵国とする 05 _____ を結び，

　　　　　　08 _____ ・ 09 _____ ・ 10 _____ ・ 11 _____ による対日経済封鎖

　　　　　　（ABCD包囲陣）に対抗した。

●対ソ連外交：1939年にノモンハン事件でソ連の戦車軍団に敗退したあと，1941年に 06 _____

　　　　　　条約を結び，北方の安全を確保した。

第二次世界大戦勃発時の日本の対外関係

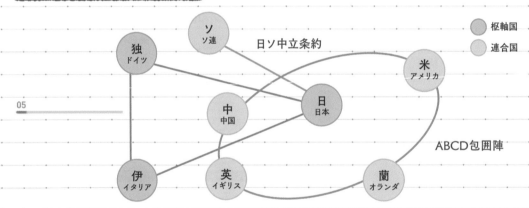

		内容
1936年	01 _____	ソ連を中心とする共産主義陣営に対抗するために締結。翌年イタリアも参加し，日独伊三国防共協定となった。
1939年	ノモンハン事件	満洲とモンゴル人民共和国の国境付近で，日本軍とソ連・モンゴル連合軍が軍事衝突した事件。戦闘中にソ連とドイツが独ソ不可侵条約を結んだことに平沼内閣は衝撃を受けた。
1940年	05 _____	フランス領インドシナに日本が進駐した直後に締結。アメリカを仮想敵国とする軍事同盟で，日米関係の悪化を招いた。
1941年	06 _____ 条約	相互の領土不可侵および，締結国の一方が第三国から軍事攻撃を受けたときに他方は中立を守ることを約束。期限は5年。

No.
Date
日本史探究
ADVANCED JAPANESE HISTORY

THE LOOSE-LEAF STUDY GUIDE
FOR HIGH SCHOOL STUDENTS

THEME 近代 戦時下の国民生活・太平洋戦争

この時代のおもなできごと

時代	内閣	年代	おもなできごと
昭和	近衛①	□ 1937.10	国民精神総動員運動がはじまる
		□ 1938.4	物資や労働力動員のため 01　　　　が制定される
	平沼	□ 1939.7	国民を軍需産業に動員するため 02　　　　が制定される
	阿部	□ 1939.10	公定価格導入のため 03　　　　が制定される
	米内		
	近衛②	□ 1940.10	新体制運動の結果, 04　　　　が成立する
		□ 1940.11	砂糖・マッチが切符制となる
			大日本産業報国会が結成される
		□ 1941	尋常小学校が 05　　　　に改められる
		□ 1941.4	米が配給制となる
	近衛③		
	東条	□ 1941.12	太平洋戦争がはじまる
		□ 1942.4	翼賛選挙が行われる
		□ 1942.6	06　　　　海戦に敗北する
		□ 1943.11	大東亜会議が開かれる
		□ 1944.7	サイパン島が陥落する

東条英機

戦時体制の構築

政府は直接的な政治や経済の統制に乗り出し，国家をあげて戦争を行う体制が確立された。

国民の統制

● 01　　　　：議会の承認なしに物資や労働力を動員できるようにする法律。

● 02　　　　：一般国民を軍需産業に動員できるようにする法令。

● 03　　　　：商品の価格や運送費などに公定価格を導入する法令。

● 切符制・配給制：砂糖・マッチ・衣類などを切符制，米を配給制とし，国民に割り当てる量を制限。

● 教育の統制：尋常小学校を 05　　　　に改称し，国家主義的教育を推進。

政治体制の構築

● 新体制運動：07　　　　が推進した，ドイツのナチスのような強力な独裁政党の成立をめざす
運動。この運動の結果，04　　　　が成立した。

● 翼賛選挙：東条英機内閣のもとで行われた衆議院議員選挙。政府推薦の候補者が有利だった。

● 大日本産業報国会：労働者を戦争に協力させるための組織。すべての労働組合を統合して成立。

THEME **戦時下の国民生活・太平洋戦争**

日米間の対立

	日本の動向		アメリカの動向
1940年9月	08 ・日独伊三国同盟		屑鉄・航空機用ガソリンの対日輸出禁止（7月ごろ）
1941年4月	野村吉三郎駐米大使が日米交渉開始		
1941年7月	09	→	在米日本資産凍結, 石油の対日輸出禁止（8月）
1941年9月	帝国国策遂行要領で日米交渉失敗の場合は開戦することを決定		
1941年10月	第3次近衛内閣総辞職		
1941年11月			最後通牒とされるハル=ノートを提示
1941年12月	東条内閣が開戦を決定	←	

太平洋戦争

10 _____ 内閣がアメリカ・イギリスに宣戦布告し太平洋戦争がはじまった。日本は緒戦から快進

撃を続けたが, 06 _____ 海戦での敗北を機に劣勢となっていった。

太平洋戦争の各軍の進路

	日本の動向		連合軍の動向
1941年12月	マレー半島に奇襲上陸		
	ハワイの 11 ____ を攻撃		
1942年1月	フィリピンのマニラを占領		
1942年6月			06 ____ 海戦に勝利
1943年2月			ソロモン諸島のガダルカナル島を攻略
1943年11月	占領地域の代表を集め大東亜会議を開催		
1944年7月	サイパン島陥落の責任をとり内閣総辞職	←	マリアナ諸島のサイパン島を攻略
1944 年12月			フィリピンのレイテ島を攻略

THEME 近代 国民生活の崩壊と敗戦

この時代のおもなできごと

時代	内閣	年代	おもなできごと
昭和	東条	□ 1943.11	アメリカ・イギリス・中国が 01　　　　　会談を行う
		□ 1943.12	学徒出陣がはじまる
		□ 1944.7	サイパン島が陥落する
	小磯	□ 1945.2	アメリカ・イギリス・ソ連が 02　　　　　会談を行う
		□ 1945.3	東京大空襲で東京が甚大な被害を受ける
			硫黄島が陥落する
			アメリカ軍が沖縄に侵攻し，03　　　　　がはじまる（～ 1945.6）
	鈴木貫太郎	□ 1945.7	アメリカ・イギリス・ソ連が 04　　　　　会談を行う
		□ 1945.8	広島・長崎に 05　　　　　が投下される
			ソ連が日ソ中立条約を破り日本に宣戦布告する
			日本が 04　　　　　宣言を受諾し降伏する
	東久邇宮	□ 1945.9	日本が降伏文書に調印 ➡ 太平洋戦争終結

国民生活の崩壊

国民生活への影響

兵力・労働力が不足したため，政府は国民を根こそぎ動員した。

勤労動員のようす

- 学徒出陣：大学・高等学校・専門学校の文科系学生を軍に徴集。
- 06　　　　　：学生や女性を軍需工場で働かせた。
- 07　　　　　：空襲を避けるため都市部の国民学校の生徒を集団で地方に移動させた。

物資の欠乏

1944 年後半になり日本の制海権が失われると，原料の輸入が困難になって工業生産が急激に落ち込んだ。また徴兵による労働力不足によって食料の配給も量や質が低下していった。

戦時下の文化

国家主義的機運が高まるなか，社会主義やプロレタリア文学が退潮した。評論では亀井勝一郎・保田与重郎らが反近代・民族主義をかかげる論説を発表した。

新感覚派	横光利一	『日輪』	文体の革新や，感覚の斬新さを重視した昭和初期の文学。
	川端康成	『伊豆の踊子』	
戦争文学	08	『麦と兵隊』	戦争を主題とする文学。
	09	『生きてゐる兵隊』	

THEME 国民生活の崩壊と敗戦

戦局の悪化

1944年後半になるとサイパン島の基地からアメリカの爆撃機が飛来するようになり，本格的な本土空襲がはじまった。翌1945年になると，連合国軍が日本本土にせまった。

1945年におこった主要なできごと		
2～3月	硫黄島の戦い	小笠原諸島南端の硫黄島が激戦の末陥落。硫黄島を得たことで，アメリカ軍は日本への本土空襲がさらに容易になった。
3～6月	03 _____	沖縄にせまったアメリカ軍に対し，日本軍は内陸に引き込んで持久戦を展開。多数の住民が犠牲となった。
8月6日・8月9日	05 _____ 投下	アメリカ軍は8月6日に広島，8月9日に長崎へ新型爆弾を投下し，多数の一般市民が犠牲となった。
8月8日	ソ連の対日参戦	日ソ中立条約を破り，ソ連が宣戦を布告。樺太や千島列島の島々が次々と陥落した。

敗戦

沖縄戦開始の直後，海軍出身の 10 _____ が首相となり，終戦工作が行われた。

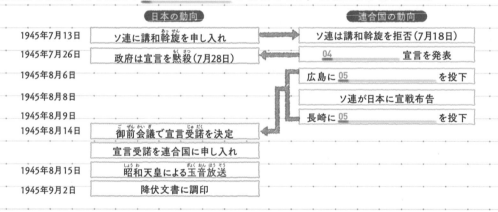

	日本の動向		連合国の動向
1945年7月13日	ソ連に講和斡旋を申し入れ	→	ソ連は講和斡旋を拒否(7月18日)
1945年7月26日	政府は宣言を黙殺(7月28日)	←	04 _____ 宣言を発表
1945年8月6日			広島に 05 _____ を投下
1945年8月8日			ソ連が日本に宣戦布告
1945年8月9日			長崎に 05 _____ を投下
1945年8月14日	御前会議で宣言受諾を決定		
	宣言受諾を連合国に申し入れ		
1945年8月15日	昭和天皇による玉音放送		
1945年9月2日	降伏文書に調印		

連合国の行った首脳会議		
1943年11月	01 _____ 会談	ローズヴェルト（米）・チャーチル（英）・蔣介石（中）が出席。朝鮮の独立，日本の無条件降伏を引き出すことなどを確認。
1945年2月	02 _____ 会談	ローズヴェルト（米）・チャーチル（英）・スターリン（ソ）が出席。ソ連の対日参戦を秘密裏に決定。
1945年7～8月	04 _____ 会談	トルーマン(米)・チャーチルのちアトリー(英)・スターリン(ソ)が出席。日本へ無条件降伏を勧告。

No.

Date

日本史探究
ADVANCED JAPANESE HISTORY

THE LOOSE-LEAF STUDY GUIDE
FOR HIGH SCHOOL STUDENTS

THEME 現代 占領下の日本

この時代のおもなできごと

時代	内閣	年代	おもなできごと
昭和	東久邇宮	☐ 1945.9	連合国によって日本が占領下におかれる
		☐ 1945.10	GHQ が治安維持法，特高の廃止などを指示（人権指令）
			01 _____ 元帥が幣原内閣に五大改革指令をだす
	幣原	☐ 1945.12	衆議院議員選挙法が改正され，02 _____ が実現
		☐ 1946.1	昭和天皇が人間宣言を行う
		☐ 1946.2	インフレーション対策として 03 _____ が出される
		☐ 1946.5	極東国際軍事裁判（東京裁判）がはじまる
	吉田①	☐ 1946.10	改正農地調整法・04 _____ を制定
		☐ 1946.11	05 _____ が公布される（1947.5 施行）
	片山		

占領の開始

占領の開始

アメリカ陸軍の 01 _____ 元帥を最高司令官とする
GHQ（06 _____ ）が日本を占領した。
GHQ は日本政府に指示を出して政策を実行する 07 ____ 統治
の方法をとった。

連合国による統治

極東委員会〔ワシントン〕
連合国11か国で構成
米・英・中・ソに拒否権あり
↓政策決定
アメリカ政府
↓指令
GHQ〔東京〕 ←諮問→ 対日理事会〔東京〕
米・英・中・ソで構成
米ソの対立で機能せず
↓指令・勧告
日本政府

五大改革指令

GHQ は幣原喜重郎内閣に対し五大改革指令を出し，日本政府は民主化政策を実施していった。

五大改革指令と関連する政策

02 _____ の付与	衆議院議員選挙法の改正… 幣原内閣
労働組合の結成奨励	08 _____ … 幣原内閣
	労働関係調整法・労働基準法… 吉田内閣①
教育制度の自由主義的改革	教育基本法・学校教育法… 吉田内閣①
	教育委員会法… 芦田内閣
秘密警察などの廃止	治安維持法の廃止・特別高等警察（特高）の廃止… 幣原内閣
経済機構の民主化	第一次農地改革… 幣原内閣
	第二次農地改革・独占禁止法・持株会社整理委員会の設置… 吉田内閣①
	過度経済力集中排除法… 片山内閣

THEME 占領下の日本

民主化政策

日本国憲法の制定

●選挙法の改正：憲法の制定に先立ち，衆議院議員選挙法の改正で 02 ＿＿＿＿＿ を認められ，総選挙が行われた。

選挙資格の変遷		
年代（内閣）	選挙資格	納税額
1889 年（黒田内閣）	25 歳以上の男性	15 円以上
1900 年（山県内閣）	25 歳以上の男性	10 円以上
1919 年（原内閣）	25 歳以上の男性	3 円以上
1925 年（加藤高明内閣）	25 歳以上の男性	制限なし
1945 年（幣原内閣）	20 歳以上の男女	制限なし
2015 年（安倍内閣）	18 歳以上の男女	制限なし

●憲法の制定：1946 年 11 月 3 日に，主権在民・平和主義・基本的人権の尊重を 3 原則とする 05 ＿＿＿＿＿ が公布され，翌年 5 月 3 日に施行された。

	大日本帝国憲法	日本国憲法
制定者	天皇（欽定憲法）	国民（民定憲法）
主権者	天皇	国民
国会	天皇の政治の協賛機関	唯一の立法機関
議会	貴族院・衆議院	参議院・衆議院

経済の民主化

●農地改革：寄生地主制を解体する政策。政府主導で行われた第一次農地改革は不徹底に終わった。GHQ の勧告による第二次農地改革では改正農地調整法・04 ＿＿＿＿＿ にもとづく土地の強制買い上げが行われ，寄生地主制は解体された。

● 09 ＿＿＿＿＿：四大財閥をはじめとする 83 社の資産凍結・解体が命じられ，持株会社整理委員会により株式が売却された。

➡解体は不徹底に終わり，財閥系の企業集団が生まれた。

●労働者保護：まず 08 ＿＿＿＿＿ が制定され団結権などが保障された。続いて労働関係調整法で調停の手続き，労働基準法で労働者の保護について定められた。

教育の民主化

●教育基本法：教育の機会均等や，男女共学の原則などを制定。

●学校教育法：10 ＿＿＿＿＿ 制の新学制を規定。

経済の混乱

工業生産の低下と凶作，復員や引揚げによる本土人口の急増によりインフレーションが発生。

● 03 ＿＿＿＿＿：幣原内閣がインフレーション対策のために出した法令。一時的に預金を封鎖するとともに，貨幣を新しくしたが，効果は一時的だった。

● 11 ＿＿＿＿＿：第 1 次吉田内閣が出した，石炭・鉄鋼など重要産業部門に資材と資金を集中する政策。復興金融金庫を設立し，重要産業への資金供給を開始。

No.

Date

日本史探究
ADVANCED JAPANESE HISTORY

THE LOOSE-LEAF STUDY GUIDE
FOR HIGH SCHOOL STUDENTS

THEME 現代 冷戦の開始と独立回復

この時代のおもなできごと

時代	内閣	年代	おもなできごと
昭和	芦田	☐ 1948.6	昭和電工事件がおこる
		☐ 1948.7	政令 201 号が出され，公務員のストライキが禁止される
	吉田②	☐ 1948.12	経済復興のため GHQ より 01 _____ が示される
		☐ 1949.3	アメリカよりドッジが特別公使として来日
		☐ 1949.4	1 ドル＝ 02 _____ 円の単一為替レートが制定される
		☐ 1950.6	朝鮮半島で 03 _____ 戦争がはじまる
	吉田③	☐ 1950.8	治安維持のため 04 _____ が新設される
		☐ 1951.9	連合国と日本の間に 05 _____ 条約が締結される
			日米安全保障条約が締結される
		☐ 1952.4	条約の発効により，日本の独立回復

冷戦体制の形成

戦後の国際社会

● 06 _____ ：1945 年 10 月に 51 か国を原加盟国として発足。国際連盟が第二次世界大戦を防げ
なかった反省から，安全保障理事会を設け，軍事行動を含む強制措置を取れるよう
にした。

● 07 _____ ：資本主義を採用するアメリカと共産主義を採用するソ
連が二大国として君臨。アメリカを盟主とする西側陣
営とソ連を盟主とする東側陣営が，それぞれ軍事同盟
を結んで対立した。

冷戦期の軍事同盟	
西側陣営	北大西洋条約機構（NATO）
東側陣営	ワルシャワ条約機構

● 中国：国民党と共産党の内戦が続いていた中国では，08 _____ を主席とする共産党が，1949 年に
国民党に勝利して中華人民共和国が成立した。国民党は台
湾で中華民国政府を存続させた。

● 朝鮮半島：第二次世界大戦後，朝鮮半島は北側をソ連，南側をア
メリカが占領していたが，1948 年になると北側には東
側陣営に属する朝鮮民主主義人民共和国（北朝鮮），南
側には西側陣営に属する大韓民国（韓国）が建国された。

➡ 1950 年には北朝鮮が韓国に侵攻し，東西両陣営の代理戦争とな
る 03 _____ 戦争が勃発した。

朝鮮戦争における各軍の進路

← 北朝鮮軍の進路
← 国連軍の進路
← 中国義勇軍の進路

国連軍
清津 最北戦線
1950年11月

中華人民
共和国

朝鮮民主主義
人民共和国

元山

停戦ライン
1953年7月

ピョンヤン

北緯38度 板門店

ソウル

仁川

北朝鮮軍
最南戦線
1950年8月

大韓民国

大邱

釜山

占領政策の転換

中華人民共和国が成立し東アジアにおける東側陣営の勢力が強まると，アメリカは日本を復興させて西側陣営の友好国とする政策をすすめた。

経済の立て直し

● 01 _____：日本経済を復興させるために GHQ が示した政策。総予算の均衡や徴税の強化などの内容を含む。

● 09 _____：経済安定を実現させるための方針。アメリカの銀行家ドッジが来日し，日本政府に 1 ドル＝ 02 _____ 円の単一為替レートの設定などを指示。

● 10 _____：アメリカの財政学者シャウプが来日し，所得税などの直接税を中心とする税制体制や累進所得税制導入を勧告。

共産主義・労働運動の取り締まり

● 公職追放の解除：戦後 GHQ により公職追放とされた旧軍人や戦時中の政治家が，追放を解除されて官公庁に復帰。

● 04 _____ の創設：朝鮮戦争で動員された在日アメリカ軍にかわる兵力として創設され，旧軍人らが採用された。

● レッド＝パージ：マスコミ・官公庁などから共産主義者を追放した。

● 労働組合の統制：GHQ のあと押しにより，日本共産党の影響力の強い産別会議に対抗する勢力として，日本労働組合総評議会（総評）が結成された。

独立回復

日本国内では，西側陣営と講和する単独講和をとるか，ソ連・中国なども含む全面講和をとるかで世論が分かれたが，第 3 次吉田内閣は単独講和に踏み切り，1952 年に独立を回復した。一方で，安全保障についてはアメリカへの依存が続いた。

独立回復後の日本の領土

太平洋戦争前の日本領
サンフランシスコ平和条約による日本の領域
平和条約後の日本復帰の地域
年 日本への返還の年

ソ連
樺太
中華人民共和国
朝鮮民主主義人民共和国
択捉島
国後島
色丹島
歯舞群島
大韓民国
竹島
対馬
尖閣諸島
奄美大島 奄美群島
沖縄 1953年
琉球諸島 1972年
嬬婦岩
小笠原諸島 1968年
南鳥島 1968年
硫黄島 1968年
台湾（国民政府）
沖ノ鳥島 1968年
太平洋

| 1951 年 | 05 _____ 条約 | おもな内容 | 日本と 48 か国との間の講和条約。日本の領土の範囲や賠償金について規定。翌年発効。 |
| | 日米安全保障条約 | | 日本の独立後もアメリカ軍が駐留することを規定。 |

No.
Date
日本史探究
ADVANCED JAPANESE HISTORY
THE LOOSE-LEAF STUDY GUIDE
FOR HIGH SCHUOL STUDENTS

THEME 現代 ５５年体制の成立と戦後の文化

この時代のおもなできごと

時代	内閣	年代	おもなできごと
昭和	吉田 ③〜⑤	☐ 1952.7	破壊活動防止法が制定される
		☐ 1953.12	奄美群島が日本に返還される
		☐ 1954.3	アメリカと MSA 協定が結ばれる
		☐ 1954.7	01　　　　　　　が発足する
	鳩山一郎 ①〜③	☐ 1955.11	保守合同により，02　　　　　　　が結成される
		☐ 1956.10	日ソ共同宣言が出される
	石橋		
	岸①・②	☐ 1960.6	03　　　　　　　条約（新安保条約）が成立する

吉田茂

５５年体制の成立

独立回復後の政治

● 破壊活動防止法：過激化する労働運動や社会運動をおさえるために制定された法律。調査機関として
　　　　　　公安調査庁が設置された。

● MSA 協定：日本はアメリカの援助を受ける代わりに防衛力の強化を義務づけられた。

● 01　　　　　　：MSA 協定にもとづき，防衛庁の統轄のもと保安隊・警備隊を統合して創設。
　　　　　　　　　　　　　　　　　　　　　　└●警察予備隊が 1952 年に改編されてできた組織。

● 自主外交：鳩山内閣は 1956 年に日ソ共同宣言を発表。ソ連との国交正常化を実現。

　➡ 同年日本の国際連合加盟が実現。

５５年体制の成立

日本民主党の 04　　　　　　　内閣のとき，1955 年 2 月の総選挙後に右派・左派に分裂していた日本社
会党（社会党）が合同して改憲阻止に必要な議席を確保。

　➡ これに対抗するため日本民主党は自由党と合同し，02　　　　　　　（自民党）が成立した。自民党と
　　社会党による二大政党が続いた時期を 05　　　　　　　体制という。

政党の変遷③　※人物名は党首やそれに準じる者

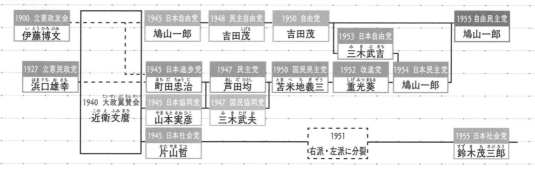

THEME 55年体制の成立と戦後の文化

安保改定

逆コースと原水爆禁止運動

日本社会党・日本共産党などの革新勢力は，独立回復後の破壊活動防止法の制定や再軍備を「逆コース」

と批判し，反対運動を展開した。

- ●米軍基地闘争：石川県の内灘，東京都の砂川などで米軍基地に反対する運動が発生。
- ● 06 ＿＿＿＿＿事件：1954年にビキニ環礁での水爆実験で日本の漁船が被爆した事件。翌年広
  島で第1回原水爆禁止世界大会が開かれた。

安保改定

岸信介内閣は，日米安全保障条約を改定しようとしたが，反対する国民らによって60年 07 ＿＿＿＿＿

がおこった。➡岸内閣は強行採決で条約への批准を決め，その発効を待って総辞職。

1960年	03 ＿＿＿＿＿ 条約 （新安保条約）	おもな内容	(1) アメリカの日本防衛の義務を明文化。 (2) 在日アメリカ軍の軍事行動に関する事前協議の導入。

戦後の文化

思想や言論に対する国家の抑圧がなくなり，日本国民の生活様式や考えが大きく変化した。

大衆文化

- ●ラジオ放送：日本放送協会（NHK）とは別に1951年には民間放送もはじまった。
- ● 08 ＿＿＿＿＿：1953年より白黒放送が開始。1960年よりカラー放送がはじまった。
- ●耐久消費財の普及：1950年代後半には三種の神器・1960年代後半には３Ｃが普及。
  └電気冷蔵庫・電気洗濯機・白黒テレビ。 └自家用車・クーラー・カラーテレビ。

学問

科学技術の発展がめざましく，ノーベル賞受賞者が続々と生まれた。

3C

科学者	業績
09 ＿＿＿＿＿	中間子論の研究で1949年にノーベル物理学賞受賞。
10 ＿＿＿＿＿	量子力学の研究で1965年にノーベル物理学賞受賞。
11 ＿＿＿＿＿	ダイオードの研究で1973年にノーベル物理学賞受賞。

文学

	坂口安吾	『白痴』
純文学	坂口安吾	『白痴』
純文学	12 ＿＿＿＿＿	『斜陽』
純文学	13 ＿＿＿＿＿	『仮面の告白』
純文学	野間宏	『真空地帯』
大衆文学	松本清張	『点と線』
大衆文学	司馬遼太郎	『坂の上の雲』

> 純文学と大衆小説の中間に位置する小説として，中間小説ともよばれる。

No.

日本史探究
ADVANCED JAPANESE HISTORY

Date

THE LOOSE-LEAF STUDY GUIDE
FOR HIGH SCHOOL STUDENTS

THEME 現代 高度経済成長

この時代のおもなできごと

時代	内閣	年代	おもなできごと
昭和	池田 ①〜③	☐ 1960.12	池田勇人内閣が 01 ＿＿＿＿ 計画を決定
		☐ 1962.11	中国との準政府間貿易（LT 貿易）がはじまる
		☐ 1964.10	東海道新幹線が開通
			アジア最初の大会となる 02 ＿＿＿＿ が開催
	佐藤 ①〜③	☐ 1965.6	韓国との間に 03 ＿＿＿＿ 条約が締結される
		☐ 1968.6	小笠原諸島が返還される
		☐ 1970.3	日本万国博覧会（大阪万博）が開催
		☐ 1972.5	04 ＿＿＿＿ が本土に復帰する
	田中角栄①		

保守政権の安定

安保闘争後，自民党政権は革新勢力との対決を避け経済成長政策を打ち出した。

池田勇人内閣

● 01 ＿＿＿＿ 計画：10 年間で国民総生産と 1 人あたりの国民所得を倍増させる計画を発表。

　　　　　　　➡実際は 7 年後の 1967 年に達成。

● LT 貿易の開始：「政経分離」の方針のもと，中国の廖承志・日本の高碕達之助との間に貿易覚書が

　　　　締結され，準政府間貿易がはじまる。

● 02 ＿＿＿＿：アジアで最初のオリンピックが開催され，

　　　　　　　日本の復興を世界にアピールした。

佐藤栄作内閣

●韓国との国交樹立：1965 年に韓国と条約を結び，国交を樹立。

1965 年	03 ＿＿＿＿ 条約	おもな 内容	(1) 1910 年の韓国併合条約以前に結ばれた条約を 「もはや無効」とする。
			(2) 韓国政府を朝鮮半島唯一の合法政府と認める。

●小笠原諸島の返還：アメリカの施政権下にあった小笠原諸島が，1968 年に返還された。

● 04 ＿＿＿＿ の返還：ベトナム戦争の影響から沖縄で祖国復帰運動が高揚。佐藤内閣は非核三原則を

　　　　　　かかげアメリカのニクソン大統領と交渉し，「核抜き」の合意のもと，1971 年

　　　　　　に沖縄返還協定が締結された。翌年に本土復帰を実現。

高度経済成長

日本経済の復活

経済安定九原則の実行によって不況に陥っていた日本経済は，朝鮮戦争による 05 ＿＿＿＿＿景気で持ち直し，1951 年には工業生産や実質国民総生産などが戦前の水準に回復した。

高度経済成長

1955 年から 73 年にかけての期間を

06 ＿＿＿＿＿という。

この時期日本は年平均 10％前後の経済成長をとげ，1968 年には資本主義国のなかでアメリカに次ぐ第 2 位の国民総生産となった。

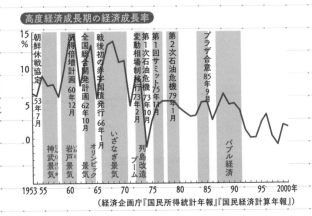

高度経済成長期の経済成長率

朝鮮休戦協定 53年7月／神武景気／所得倍増計画 60年12月／岩戸景気／全国総合開発計画 62年10月／オリンピック景気／戦後初の赤字国債発行 66年1月／いざなぎ景気／変動相場制移行 73年2月／列島改造ブーム／第1次石油危機 73年10月／第1回サミット 75年11月／第2次石油危機 79年1月／プラザ合意 85年9月／バブル経済

1953 55　60　65　70　75　80　85　90　95　2000年

(経済企画庁『国民所得統計年報』『国民経済計算年報』)

経営・技術革新

● 日本的経営：終身雇用・年功賃金・労使協調を特徴とする経営方針。

● エネルギー革命：石炭から 07 ＿＿＿＿＿へのエネルギー転換。

● 流通革命：ダイエーなどのスーパーマーケットチェーンによる，小売業の変化。

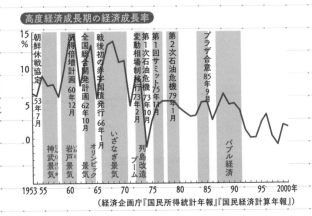

スーパーマーケット

● モータリゼーション：自家用車（マイカー）の普及により，自動車が交通手段の主力となる。1965 年には名神高速道路，1969 年には 08 ＿＿＿＿＿が全通。

● 09 ＿＿＿＿＿の開通：1964 年，オリンピック東京大会に先がけて開通。

国際経済との直結

● 10 ＿＿＿＿＿（国際通貨基金）：日本は 1952 年に加盟。1964 年には **8 条国**に移行。
　　　　　　　　　　　　　　　　　　　　　　　　・国際収支を理由とした為替制限を禁止された国。

● 11 ＿＿＿＿＿（関税及び貿易に関する一般協定）：日本は 1955 年に加盟。1963 年には **11 条国**に移行。
　　　　　　　　　　　　　　　　　　　　　　　国際収支を理由とした貿易制限を禁止された国。

● OECD（経済協力開発機構）：日本は 1964 年に加盟。

No.

Date.

日本史探究
ADVANCED JAPANESE HISTORY

THE LOOSE-LEAF STUDY GUIDE
FOR HIGH SCHOOL STUDENTS

THEME 現代 **安定成長の時代**

この時代のおもなできごと

時代	内閣	年代	おもなできごと
昭和	佐藤③	□ 1971.8	アメリカのニクソン大統領が金とドルの交換停止を表明
	田中角栄①・②	□ 1972.9	首相が訪中し 01 が出される
		□ 1973.10	第1次石油危機の発生
	三木	□ 1976.2	02 事件が問題化する ➡ 田中角栄元首相を逮捕
	福田赳夫	□ 1978.8	中国との間に 03 条約が締結される
	大平①・②	□ 1979.1	第2次石油危機の発生
	鈴木善幸		
	中曽根①〜③	□ 1985.9	プラザ合意によってドル高が是正される
平成	竹下	□ 1989.4	大型間接税の 04 税が導入される

ドル危機と石油危機

ドル危機

1960年代後半になると，アメリカの国際収支が悪化し金の保有が減少した（ドル危機）。ニクソン大統領は金とドルの交換停止と輸入課徴金などの政策を発表した。

➡この政策をきっかけに，西欧諸国や日本は変動相場制に移行。

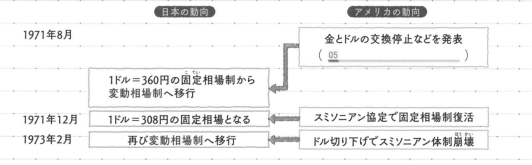

日本の動向	アメリカの動向
1971年8月	金とドルの交換停止などを発表 (05)
1ドル＝360円の固定相場制から変動相場制へ移行	
1971年12月 1ドル＝308円の固定相場となる	スミソニアン協定で固定相場制復活
1973年2月 再び変動相場制へ移行	ドル切り下げでスミソニアン体制崩壊

石油危機

● 第1次石油危機：1973年，第4次中東戦争が勃発すると，アラブ石油輸出国機構（OAPEC）が欧米や日本への石油輸出を制限。石油の価格が急上昇した。

● 第2次石油危機：1979年，イラン＝イスラーム革命でアメリカの支援していた王制が倒れ，ホメイニによる共和国が成立。革命の影響を受け，石油の価格が急上昇した。

経済大国の実現

高度経済成長のひずみ

●公害病：経済成長優先の政策によって，企業が排出
する汚染物質による環境破壊や公害病が発
生。四大公害訴訟がはじまった。

→ 1967 年に 06 _____ 制定，

1971 年に 07 _____ が発足。

●革新自治体：日本社会党や日本共産党が推薦する美
濃部亮吉が東京都知事に当選すると，各地に革新系の知事が誕生した。

四大公害病

新潟水俣病
（新潟県阿賀野川流域）
イタイイタイ病
（富山県神通川流域）
水俣病
（熊本県水俣市）
四日市ぜんそく
（三重県四日市市）

高度経済成長の終焉と経済大国の実現

第 1 次石油危機による経済混乱で，日本経済は 1974 年に戦後初のマイナス成長を記録した。この反省
を生かし，企業は経営の変革を行って第 2 次石油危機を乗り切った。

●減量経営：省エネルギーや人員削減，ME（マイクロ＝エレクトロニクス）技術による工場やオフィ
スの自動化を行って費用を削減。

●産業の転換：鉄鋼や石油化学など資源消費型の産業にかわり，自動車・電気機械・半導体などのハ
イテク産業の輸出が伸び，経済大国となった。

→日本が大幅な貿易黒字となる一方で，欧米諸国との間に 08 _____ がおこった。

→ 1985 年に日本など 5 か国でプラザ合意が結ばれ，ドル高の是正が決定された。

1970・1980年代の政治

70 年代の主要な内閣

● 09 _____ 内閣：「日本列島改造論」をかかげ，産業の地方分散を主張。01 _____
を発表し中華人民共和国との国交を正常化。第 1 次石油危機などによる狂乱
物価のなか，金脈問題で総辞職。

●三木武夫内閣：02 _____ 事件が問題化。→田中角栄元首相が収賄容疑で逮捕。

●福田赳夫内閣：03 _____ 条約を締結。

80 年代の主要な内閣

● 10 _____ 内閣：「戦後政治の総決算」をかかげ，11 _____ 改革を推進。国営企業だった
電電公社（現 NTT），専売公社（現 JT），国鉄（現 JR）の民営化を実行。

●竹下登内閣：昭和天皇が崩御し，元号が平成になる。大型間接税の 04 _____ 税を導入した（導入
時は 3 ％）。汚職事件のリクルート事件で退陣。

No.
Date

日本史探究
ADVANCED JAPANESE HISTORY

THE LOOSE-LEAF STUDY GUIDE
FOR HIGH SCHOOL STUDENTS

THEME 現代 **冷戦の終結・55年体制の崩壊**

この時代のおもなできごと

時代	内閣	年代	おもなできごと
昭和	竹下	☐ 1988.7	リクルート事件がおこる
	宇野		
	海部	☐ 1989.11	ドイツで 01 が崩壊する
	①・②	☐ 1991.1	中東で 02 戦争が勃発する
平成		☐ 1991.12	03 が崩壊 ➡ CIS 誕生
		☐ 1992.2	佐川急便事件がおこる
	宮沢	☐ 1992.6	04 が成立し，自衛隊の海外派遣が可能となる
		☐ 1993.6	自由民主党が分裂する
			ゼネコン汚職事件がおこる
	細川	☐ 1993.8	非自民8党派の連立政権が成立（05 体制の崩壊）
	羽田		
	村山		

PKOによる道路の整地

冷戦の終結

1980年代になると，アメリカやソ連の経済が悪化し，冷戦の枠組みはしだいに崩れていった。

●ペレストロイカ：1985年にソ連共産党の最高指導者となったゴルバチョフが行った国内体制の立て直し。市場原理の導入や情報公開を推進。

●東欧革命：ペレストロイカの影響で東欧諸国があいついで自由主義化し，ソ連の支配下から離脱。東西に分かれていたドイツも，1989年に 01 が崩壊し，翌年に統一された。

東西ドイツとベルリン

東ベルリン
西ベルリン
東ドイツ
西ドイツ

●冷戦の終結宣言：1989年，地中海の 06 で米ソ首脳会談が行われ，冷戦の終結が宣言された。

● 03 の崩壊：1991年8月に軍部のクーデタが発生し，これを鎮圧した政治家のエリツィンは国家の解体を宣言。07 を中心とする独立国家共同体（CIS）を結成した。

THEME 冷戦の終結・55年体制の崩壊

1990年代前半の政治

● 海部俊樹内閣：08 _____ がクウェートに侵攻すると，国際連合が武力制裁を決定。02 _____ 戦
争がはじまった。日本は戦争終了後に海上自衛隊をペルシア湾に派遣した。

● 宮沢喜一内閣：国際社会の要請に対応するため 04 _____ を制定。国際貢献のための自衛隊
の海外派遣が可能となった。

55年体制の崩壊

● 自民党の分裂：汚職事件の発覚によって国民の政治不信が高まり，宮沢内閣に対して野党が内閣不信
任案を提出すると，自民党の小沢一郎・羽田孜らもこれに賛成して不信任案は可決。
宮沢内閣は衆議院を解散して総選挙を行ったが大敗した。

● 09 _____ 内閣の成立：09 _____ の日本新党，自民党からの離党議員が立ち上げた新生
党・新党さきがけ，日本社会党などの非自民8党派の連立政権が発足。

● 10 _____ 内閣の成立：細川内閣とそれに続く羽田内閣が短命に終わると，自民党と社会党が連
携。これに新党さきがけが加わって社会党の 10 _____ を総理とす
る連立政権が誕生した。

政党の変遷④ ※人物名は党首やそれに準じる者

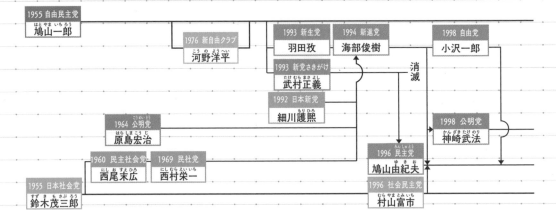

No.

日本史探究
ADVANCED JAPANESE HISTORY

Date.

THE LOOSE-LEAF STUDY GUIDE
FOR HIGH SCHOOL STUDENTS

THEME 現代 平成不況と現代日本の諸課題

この時代のおもなできごと

時代	内閣	年代	おもなできごと
平成	村山	☐ 1995.1	兵庫県南部を震源とした 01　　　　　　　　が発生する
		☐ 1995.3	オウム真理教による地下鉄サリン事件がおこる
	橋本①・②	☐ 1997.4	消費税が3％から5％に引き上げられる
		☐ 1997.12	気候変動枠組条約締約国会議の結果，京都議定書が採択される
	小渕		
	森①・②		
	小泉①～③	☐ 2001.9	ニューヨークで 02　　　　　　　事件がおこる
		☐ 2003.3	中東で 03　　　　　戦争が勃発する（～2011.12）
		☐ 2005.10	04　　　　　　　法案が成立（2007.10に民営化）
	安倍①		
	福田康夫		
	麻生	☐ 2008.9	世界金融危機がおこる
	鳩山由紀夫	☐ 2009.8	自民党が衆議院議員選挙で大敗 ➡ 05　　　　　が第一党となる
	菅	☐ 2011.3	東北地方の太平洋沖を震源とした 06　　　　　　　が発生する
	野田		
	安倍②～	☐ 2012.12	民主党が衆議院議員選挙で大敗 ➡ 自民党が第一党となる

バブルの崩壊と平成不況

● 07　　　　経済：1980年代後半より，超低金利政策の影響で地価と
　　　　　　株価が異常に上昇。内需主導の好景気がおこった。

● 07　　　　崩壊：1990年以降に地価や株価が暴落すると，土地や株
　　　　　　式を抱え込んだ金融機関の経営が悪化。企業の資金
　　　　　　調達が困難となった。

● 08　　　　不況：資金調達が困難になった企業は経営不振に陥った。倒
　　　　　　産やリストラがあいつぎ，長期にわたる不況となった。

プラザ合意
ドル高の是正 ➡ 円高となる

↓

輸出品が伸びず不況に陥る

↓

輸出に頼らない内需
主導の経済に転換

バブル経済
土地や株式の価格が暴騰

↓

バブル崩壊

↓

平成不況
企業生産の不振・個人消費の低迷

THEME 平成不況と現代日本の諸課題

日本の諸課題

20世紀末のできごと

● 01 ＿＿＿＿：1995年1月17日に兵庫県南部を中心にマグニチュード7.3の地震が発生し，甚大な被害をもたらした。

●地下鉄サリン事件：1995年3月，宗教団体のオウム真理教が，東京都の複数の地下鉄で毒ガスを散布した事件。多数の死傷者が出た。

21世紀以降のできごと

● 02 ＿＿＿＿事件：2001年9月，イスラーム原理主義過激派が航空機をハイジャックし，ニューヨークの世界貿易センタービルなどに激突させた。アメリカのブッシュ政権は，テロ組織の壊滅を宣言。これを受けて，日本の小泉純一郎内閣はテロ対策特別措置法を制定し，アフガニスタン紛争において自衛隊をインド洋に派遣した。

● 03 ＿＿＿＿戦争：2003年3月，アメリカとイギリスが，イラクのフセイン政権に大量破壊兵器の廃棄などを求め武力行使を実行。日本はイラク復興支援特別措置法を制定して自衛隊を派遣した。

● 04 ＿＿＿＿法案：規制緩和と民営化をかかげる小泉純一郎内閣が，2005年10月に制定。2007年より郵政事業が民営化された。

●世界金融危機：アメリカの大手投資銀行の破たん（ 09 ＿＿＿＿＿＿＿＿ ）をきっかけに，世界全体に広がった金融危機。日本の景気も大きく後退した。

┌─自民党初代総裁である鳩山一郎の孫。

●政権交代：鳩山由紀夫らにより結成された 05 ＿＿＿＿＿ が，2009年8月の衆議院議員選挙で自民党に圧勝。社民党・国民新党との連立政権が発足した。

● 06 ＿＿＿＿：2011年3月，東北地方沖の太平洋岸を震源地とするマグニチュード9.0の地震が発生。津波によって沿岸部が大きな被害を受けた。また，地震により東京電力福島第一原子力発電所で事故がおこり，大量の放射性物質が飛散した。

東京電力福島第一原子力発電所

●自公連立政権の復活：2012年の衆議院議員選挙で自民党が圧勝し，自民党・公明党の連立政権である第2次 10 ＿＿＿＿＿ 内閣が発足した。

P.023-024 旧石器・縄文時代の生活と文化

01 猿人　02 原人　03 旧人　04 新人　05 更新世　06 打製　07 磨製　08 縄文

09 貝塚　10 土偶　11 屈葬　12 黒曜石

P.025-026 弥生時代の生活と文化

01 墳丘墓　02 湿田　03 乾田　04 鉄　05 弥生　06 高床倉庫　07 伸展葬　08 甕棺墓

P.027-028 小国の分立と邪馬台国連合

01 奴国　02 卑弥呼　03 「漢書」地理志　04 楽浪郡　05 「後漢書」東夷伝　06 「魏志」倭人伝

P.029-030 古墳の出現とヤマト政権の成立

01 楽浪郡　02 武　03 大仙陵古墳（仁徳天皇陵古墳）　04 群集墳　05 竪穴式石室

06 横穴式石室　07 大王　08 「宋書」倭国伝　09 雄略天皇

P.031-032 古墳時代の生活と文化

01 聖明王　02 土師器　03 須恵器　04 祈年の祭り（祈年祭）　05 新嘗の祭り（新嘗祭）

06 太占　07 盟神探湯　08 氏　09 姓　10 渡来人　11 儒教

P.033-034 飛鳥の朝廷

01 厩戸王（聖徳太子）　02 小野妹子　03 犬上御田鍬　04 高句麗　05 隋　06 北魏

07 南朝　08 観勒　09 曇徴　10 法隆寺

P.035-036 律令国家の形成

01 改新の詔　02 白村江　03 庚午年籍　04 壬申の乱　05 八色の姓　06 藤原京

07 富本銭　08 薬師寺東塔　09 法隆寺金堂壁画

P.037-038 律令国家の支配体制

01 大宝律令　02 神祇官　03 太政官　04 中務省　05 民部省　06 国司　07 大宰府

08 郡司　09 蔭位の制

P.039-040 8世紀の外交・奈良遷都

01 和同開珎　02 平城京　03 蓄銭叙位令　04 多賀城　05 橘諸兄　06 渤海　07 条坊制

08 蝦夷　09 隼人

P.041-042 奈良時代の政争

01 藤原不比等　02 長屋王　03 橘諸兄　04 藤原仲麻呂　05 道鏡　06 三世一身法

07 国分寺建立の詔　08 墾田永年私財法

P.043-044 天平文化

01 古事記　02 日本書紀　03 風土記　04 懐風藻　05 万葉集　06 大学　07 行基

08 鑑真　09 神仏習合　10 乾漆像　11 塑像　12 興福寺阿修羅像　13 正倉院鳥毛立女屏風

P.045-046 平安遷都・蝦夷征討

01 健児　02 平安京　03 勘解由使　04 坂上田村麻呂　05 検非違使　06 蔵人頭

07 公営田

P.047-048　弘仁・貞観文化

01 空海　　02 紀伝道（文章道）　　03 密教　　04 最澄　　05 山門　　06 寺門　　07 修験道

08 室生寺　　09 三筆

P.049-050　摂関政治の確立

01 蔵人頭　　02 承和　　03 摂政　　04 応天門　　05 関白　　06 菅原道真　　07 安和

08 藤原道長　　09 藤原頼通

P.051-052　国風文化

01 土佐日記　　02 竹取物語　　03 源氏物語　　04 古今和歌集　　05 往生要集　　06 本地垂迹説

07 寝殿造　　08 平等院鳳凰堂　　09 定朝　　10 三跡（三蹟）　　11 年中行事

P.053-054　国際関係の変化と律令制のゆきづまり

01 菅原道真　　02 延喜　　03 高麗　　04 宋（北宋）　　05 成功　　06 重任　　07 遙任　　08 不輸

09 不入

P.055-056　武士の台頭

01 滝口の武者　　02 天慶　　03 平忠常　　04 前九年合戦　　05 後三年合戦　　06 清和

07 桓武　　08 安倍頼時

P.057-058　院政の開始

01 延久　　02 院政　　03 荘園公領　　04 宣旨枡　　05 院庁下文　　06 院宣　　07 北面の武士

08 知行国　　09 強訴　　10 平泉

P.059-060　平氏政権

01 保元の乱　　02 平治の乱　　03 太政大臣　　04 大輪田泊　　05 今昔物語集　　06 大鏡

07 陸奥話記　　08 梁塵秘抄　　09 中尊寺金色堂　　10 鳥獣戯画

P.061-062　鎌倉幕府の成立

01 福原京　　02 侍所　　03 公文所　　04 問注所　　05 壇の浦の戦い　　06 守護　　07 地頭

08 征夷大将軍　　09 政所　　10 奉公　　11 御恩

P.063-064　執権政治の確立・武士の地方支配

01 執権　　02 承久の乱　　03 連署　　04 評定衆　　05 御成敗式目　　06 引付衆

07 北条義時　　08 六波羅探題　　09 北条泰時

P.065-066　モンゴル襲来と東アジア諸国

01 文永　　02 弘安　　03 防塁（石築地）　　04 得宗専制　　05 御内人　　06 内管領　　07 悪党

08 十三湊　　09 按司

P.067-068　鎌倉時代の社会の変容

01 永仁の徳政令　　02 悪党　　03 後深草　　04 亀山　　05 二毛作　　06 大唐米　　07 刈敷

08 草木灰　　09 三斎市　　10 問（問丸）　　11 宋銭　　12 借上

THE LOOSE-LEAF STUDY GUIDE
FOR HIGH SCHOOL STUDENTS

解答

ADVANCED JAPANESE HISTORY

P.069-070 鎌倉文化

01 法然　02 親鸞　03 一遍　04 日蓮　05 栄西　06 道元　07 朱子学（宋学）

08 平家物語　09 新古今和歌集　10 東大寺南大門　11 蒙古襲来絵詞　12 一遍上人絵伝

P.071-072 建武の新政と室町幕府の成立

01 正中の変　02 元弘の変　03 綸旨　04 二条河原落書　05 記録所　06 恩賞方

07 雑訴決断所　08 武者所　09 光明　10 建武式目　11 高師直

P.073-074 室町幕府の機構と勘合貿易

01 南北朝　02 日明　03 足利義満　04 金閣　05 管領　06 侍所　07 鎌倉府

08 関東管領　09 勘合　10 倭寇

P.075-076 惣村の形成・室町幕府の動揺

01 正長の徳政一揆　02 嘉吉の変　03 惣（惣村）　04 地下請（村請，百姓請）　05 守護大名

06 半済令　07 守護請　08 国人　09 単独相続

P.077-078 応仁の乱・室町時代の社会の変容

01 応仁の乱　02 山城の国一揆　03 加賀の一向一揆　04 三毛作　05 下肥　06 入浜

07 六斎市　08 土倉　09 撰銭　10 撰銭令

P.079-080 室町文化①

01 神皇正統記　02 太平記　03 菟玖波集　04 風姿花伝（花伝書）　05 正風連歌

06 新撰菟玖波集　07 東求堂同仁斎　08 枯山水　09 土佐光信　10 元信　11 雪舟

12 村田珠光

P.081-082 室町文化②

01 足利学校　02 蓮如　03 吉田兼倶

P.083-084 戦国時代のはじまり

01 尚巴志　02 三浦の乱　03 寧波の乱　04 分国法　05 寄親・寄子　06 貫高　07 会合衆

08 年行司　09 宗

P.085-086 ヨーロッパ人の来航・織田信長の統一事業

01 鉄砲　02 ザビエル　03 桶狭間　04 姉川　05 足利義昭　06 長篠　07 本能寺の変

08 楽市令

P.087-088 豊臣秀吉の統一事業

01 山崎　02 賤ヶ岳　03 小牧・長久手　04 バテレン（宣教師）追放令　05 文禄　06 慶長

07 聚楽第　08 太閤検地

P.089-090 桃山文化

01 ガスパル=ヴィレラ　02 ルイス=フロイス　03 ヴァリニャーノ　04 姫路城

05 伏見城　06 聚楽第　07 妙喜庵茶室（待庵）　08 千利休　09 狩野永徳

10 長谷川等伯　11 出雲阿国

P.091-092　江戸幕府の成立・幕藩体制

01 関ヶ原　02 征夷大将軍　03 冬の陣　04 夏の陣　05 元和　06 寛永

07 金地院の崇伝（以心崇伝）　08 参勤交代　09 大老　10 老中　11 寺社奉行

12 若年寄　13 側用人　14 大目付　15 町奉行　16 勘定奉行　17 目付

P.093-094　江戸幕府による朝廷と寺社の統制・寛永期の文化

01 禁中並公家諸法度　02 諸社禰宜神主法度　03 京都所司代　04 寺請制度　05 宗門改め

06 権現造　07 俵屋宗達　08 酒井田柿右衛門

P.095-096　江戸時代初期の外交

01 糸割符　02 イギリス　03 スペイン　04 島原の乱　05 ポルトガル

06 ウィリアム＝アダムズ　07 ヤン＝ヨーステン　08 宗氏　09 シャクシャイン　10 慶賀使

11 謝恩使

P.097-098　江戸時代の身分と社会

01 田畑永代売買の禁止令　02 分地制限令　03 村請制　04 本途物成　05 小物成

06 高掛物　07 国役　08 伝馬役　09 代表越訴型　10 惣百姓

P.099-100　江戸時代の経済①

01 楮　02 木曽檜　03 秋田杉　04 俵物　05 二十四組　06 十組　07 堂島

08 雑喉場　09 天満　10 日本橋　11 神田

P.101-102　江戸時代前期の政治

01 由井（比）正雪の乱　02 末期養子の禁　03 明暦の大火　04 生類憐みの令

05 閑院宮家　06 海舶互市新例（長崎新令，正徳新令）　07 保科正之　08 柳沢吉保

09 荻原重秀　10 新井白石　11 間部詮房

P.103-104　江戸時代の経済②

01 備中鍬　02 踏車　03 千歯扱　04 千石簁　05 唐箕　06 宮崎安貞

07 大蔵永常　08 問屋制家内工業　09 工場制手工業（マニュファクチュア）　10 西陣織

P.105-106　江戸時代の経済③

01 関所　02 本陣　03 脇本陣　04 伝馬役　05 角倉了以　06 河村瑞賢

07 将軍のお膝元　08 天下の台所　09 計数　10 秤量

P.107-108　元禄文化

01 竹本義太夫　02 市川団十郎　03 坂田藤十郎　04 芳沢あやめ　05 井原西鶴

06 蕉風（正風）俳諧　07 近松門左衛門　08 尾形光琳　09 菱川師宣　10 色絵

11 宮崎友禅

P.109-110　江戸時代の学問①

01 林羅山　02 林鳳岡（信篤）　03 垂加神道　04 熊沢蕃山　05 山鹿素行　06 伊藤仁斎

07 荻生徂徠　08 本朝通鑑　09 読史余論　10 関孝和　11 渋川春海

P.111-112　享保の改革

01 徳川吉宗　02 上げ米　03 足高　04 享保　05 公事方御定書　06 大岡忠相

07 小石川養生所　08 町火消　09 打ちこわし

P.113-114　田沼時代

01 天明　02 浅間山　03 村方騒動　04 国訴　05 南鐐二朱銀　06 株仲間　07 運上

08 冥加（07・08は順不同）　09 印旛沼　10 俵物　11 赤蝦夷風説考　12 最上徳内

P.115-116　宝暦・天明期の文化

01 寺子屋　02 護園塾　03 懐徳堂　04 芝蘭堂　05 山東京伝　06 恋川春町

07 柄井川柳　08 錦絵　09 喜多川歌麿　10 東洲斎写楽　11 十便十宜図

P.117-118　江戸時代の学問②

01 解体新書　02 志筑忠雄　03 本居宣長　04 塙保己一　05 平田篤胤　06 会沢安

07 石田梅岩　08 安藤昌益　09 報徳仕法　10 林子平　11 平賀源内　12 伊能忠敬

P.119-120　寛政の改革・鎖国の動揺

01 寛政異学の禁　02 旧里帰農令　03 フェートン号　04 異国船打払令（無二念打払令）

05 囲米　06 札差　07 昌平坂学問所　08 近藤重蔵　09 間宮林蔵　10 松前奉行

P.121-122　大御所時代・天保の改革

01 関東取締出役　02 天保　03 大塩の乱　04 蛮社の獄　05 株仲間　06 人返しの法

07 上知令　08 三方領知替

P.123-124　藩政改革と雄藩の台頭

01 地方知行制　02 俸禄　03 池田光政　04 山崎闇斎　05 朱舜水　06 木下順庵

07 細川重賢　08 上杉治憲（鷹山）　09 調所広郷　10 村田清風　11 均田制

12 山内豊信（容堂）　13 徳川斉昭

P.125-126　化政文化

01 適々斎塾（適塾）　02 松下村塾　03 鳴滝塾　04 庚申講　05 十返舎一九

06 式亭三馬　07 曲亭馬琴　08 呉春（松村月溪）　09 葛飾北斎　10 歌川広重

P.127-128　開国とその影響

01 アヘン　02 日米和親　03 日米修好通商　04 五品江戸廻送令　05 ハリス

06 領事裁判権　07 関税自主権　08 安政　09 徳川慶喜　10 井伊直弼　11 家茂

P.129-130　幕末の動乱

01 桜田門外の変　02 坂下門外の変　03 薩英　04 八月十八日　05 禁門（蛤御門）

06 薩長　07 大政奉還　08 王政復古の大号令　09 坂本龍馬　10 討幕の密勅

P.131-132　新政府の発足・廃藩置県と地租改正

01 戊辰　02 五箇条の誓文　03 政体書　04 徴兵令　05 地租改正条例　06 西郷隆盛

07 府知事　08 県令（07・08は順不同）　09 御親兵

P.133-134　殖産興業と文明開化

01 神仏分離令　02 前島密　03 鉄道　04 伊藤博文　05 大久保利通　06 富岡製糸場

07 屯田兵　08 渋沢栄一　09 福沢諭吉　10 中村正直　11 中江兆民

P.135-136　明治初期の外交・新政府への反抗

01 日清修好条規　02 明治六年　03 樺太・千島交換　04 江華島

05 日朝修好条規（江華条約）　06 西南　07 沖縄県　08 秩禄処分　09 廃刀令

P.137-138　自由民権運動

01 民撰議院設立の建白書　02 板垣退助　03 大阪会議　04 漸次立憲政体樹立の 詔

05 国会期成同盟　06 明治十四年　07 三大事件建白　08 讒謗律　09 日本銀行

10 集会条例　11 保安条例

P.139-140　大日本帝国憲法の制定

01 華族令　02 内閣　03 大日本帝国憲法　04 元老院　05 枢密院　06 欽定

07 統帥権　08 貴族院　09 衆議院　10 ボアソナード　11 民法典論争

P.141-142　条約改正と日清戦争

01 壬午軍乱（壬午事変）　02 甲申事変　03 大津　04 甲午農民　05 領事裁判権（治外法権）

06 下関　07 関税自主権　08 井上馨　09 政費節減・民力休養　10 天津

P.143-144　日露戦争

01 進歩党　02 憲政党　03 共和演説　04 治安警察法　05 北清事変　06 伊藤博文

07 日英同盟協約　08 ポーツマス　09 小村寿太郎　10 韓国

P.145-146　桂園時代

01 鉄道国有法　02 ハーグ密使　03 工場法　04 辛亥革命　05 安重根　06 寺内正毅

07 樺山資紀　08 南満洲鉄道　09 幸徳秋水　10 元老

P.147-148　大正政変・第一次世界大戦

01 第1次護憲　02 シーメンス　03 二十一カ条の要求　04 シベリア出兵　05 尾崎行雄

06 犬養毅　07 立憲同志会　08 日英同盟協約　09 青島　10 加藤高明　11 袁世凱

P.149-150　大正デモクラシー・ワシントン体制

01 米騒動　02 三・一独立　03 五・四　04 ヴェルサイユ　05 四カ国　06 九カ国

07 関東大震災　08 第2次護憲　09 治安維持法　10 小選挙区制　11 国際連盟

P.151-152　明治期の産業革命

01 新貨条例　02 貨幣法　03 国立銀行条例　04 日本銀行　05 大阪紡績会社

06 豊田佐吉　07 座繰製糸　08 器械製糸　09 日本製鋼所　10 政商

P.153-154　明治期の農業の変容・社会運動の発生

01 労働組合期成会　02 社会民主党　03 日本社会党　04 大逆　05 工場法

06 寄生地主　07 日本之下層社会　08 職工事情　09 女工哀史　10 田中正造

P.155-156　明治期の教育と学問

01 学制　02 教育令　03 学校令　04 教育に関する勅語（教育勅語）　05 福沢諭吉

06 大隈重信　07 徳富蘇峰　08 三宅雪嶺　09 陸羯南　10 高山樗牛　11 北里柴三郎

12 志賀潔　13 モース　14 フェノロサ　15 コンドル

P.157-158　明治期の文化

01 横浜毎日新聞　02 日新真事誌　03 坪内逍遥　04 二葉亭四迷　05 森鷗外

06 樋口一葉　07 与謝野晶子　08 夏目漱石　09 小山内薫　10 工部美術学校

11 東京美術学校　12 黒田清輝　13 狩野芳崖　14 高橋由一　15 高村光雲

P.159-160　大戦景気・大正期の文化

01 在華紡　02 化学工業　03 友愛会　04 吉野作造　05 新婦人協会　06 全国水平社

07 日本放送協会　08 西田幾多郎　09 本多光太郎　10 有島武郎　11 芥川龍之介

12 小林多喜二　13 徳永直　14 横山大観　15 築地小劇場

P.161-162　恐慌の時代

01 金融恐慌　02 三・一五　03 張作霖爆殺（満洲某重大）　04 四・一六　05 昭和恐慌

06 ロンドン海軍軍備制限　07 モラトリアム　08 井上準之助　09 金輸出解禁（金解禁）

10 幣原喜重郎

P.163-164　軍部の台頭

01 満洲事変　02 血盟団　03 満洲国　04 五・一五　05 国体明徴声明　06 二・二六

07 高橋是清　08 新興財閥　09 金輸出再禁止　10 滝川

P.165-166　日中戦争・第二次世界大戦の勃発

01 日独防共協定　02 盧溝橋　03 南京　04 第二次世界大戦　05 日独伊三国同盟

06 日ソ中立　07 ヒトラー　08 アメリカ　09 イギリス　10 中国　11 オランダ

（08・09・10・11は順不同）

P.167-168　戦時下の国民生活・太平洋戦争

01 国家総動員法　02 国民徴用令　03 価格等統制令　04 大政翼賛会　05 国民学校

06 ミッドウェー　07 近衛文麿　08 北部仏印進駐　09 南部仏印進駐　10 東条英機

11 真珠湾

P.169-170　国民生活の崩壊と敗戦

01 カイロ　02 ヤルタ　03 沖縄戦　04 ポツダム　05 原子爆弾　06 勤労動員

07 学童疎開　08 火野葦平　09 石川達三　10 鈴木貫太郎

解答

P.171-172 占領下の日本

01 マッカーサー　02 女性参政権　03 金融緊急措置令　04 自作農創設特別措置法

05 日本国憲法　06 連合国（軍）最高司令官総司令部　07 間接　08 労働組合法　09 財閥解体

10 六・三・三・四　11 傾斜生産方式

P.173-174 冷戦の開始と独立回復

01 経済安定九原則　02 360　03 朝鮮　04 警察予備隊　05 サンフランシスコ平和

06 国際連合　07 冷戦（冷たい戦争）　08 毛沢東　09 ドッジ＝ライン　10 シャウプ勧告

P.175-176 55年体制の成立と戦後の文化

01 自衛隊　02 自由民主党　03 日米相互協力及び安全保障　04 鳩山一郎　05 55年

06 第五福竜丸　07 安保闘争　08 テレビ放送　09 湯川秀樹　10 朝永振一郎

11 江崎玲於奈　12 太宰治　13 三島由紀夫

P.177-178 高度経済成長

01 所得倍増　02 東京オリンピック　03 日韓基本　04 沖縄　05 特需

06 高度経済成長期　07 石油　08 東名高速道路　09 東海道新幹線　10 IMF

11 GATT

P.179-180 安定成長の時代

01 日中共同声明　02 ロッキード　03 日中平和友好　04 消費

05 ニクソン＝ショック　06 公害対策基本法　07 環境庁　08 貿易摩擦

09 田中角栄　10 中曽根康弘　11 行財政

P.181-182 冷戦の終結・55年体制の崩壊

01 ベルリンの壁　02 湾岸　03 ソ連　04 PKO協力法　05 55年　06 マルタ島

07 ロシア連邦　08 イラク　09 細川護熙　10 村山富市

P.183-184 平成不況と現代日本の諸課題

01 阪神・淡路大震災　02 同時多発テロ　03 イラク　04 郵政民営化　05 民主党

06 東日本大震災　07 バブル　08 平成　09 リーマン＝ショック　10 安倍晋三